명상과 함께하는

『숲 · 예술 · 창의 놀이학교의 통합적 미술 프로젝트』

이수경, 이소정 지음

교육과학사

머리말

숲과 교감하고 예술로 소통하는 살아있는 창의 · 인성 교육

숲은 소통의 공간이다.

아이들은 숲에서 뛰어놀며 자연과 소통하는 법을 배운다.

숲 속에서의 일상적인 경험은 자연에 대한 경이로움을 느끼게 하며, 어린이들이 지닌 무한한 감수성과 직관력을 길러준다. 숲에 산재해 있는 모든 자연소재들은 아이들의 창의적인 놀잇감이 되며, 자연은 아이들을 창의적으로 자라게 한다.

만나는 자연물들과 함께 놀이하며, 아이들이 즐겁게 할 수 있는 숲 · 명상놀이와 이때 느낀 감각이나 감정, 생각들을 창의적인 미술작업으로 표현하도록 격려한다. 자연물을 활용하여 다양한 입체물을 구성하기도 하고 느낀 점을 그림으로 표현하기, 극놀이와 인형극 공연하기, 몸짓언어로 표현하기 등으로 다양한 예술프로젝트로 발전시킨다. 이러한 과정 속에서 아이들은 잠재되어 있는 감수성이 깨어나고 창의성과 리더십이 향상된다.

이와 같이 친구들과 함께하는 어린이들의 숲 체험놀이는 자연의 지속적인 변화를 감각으로 알아차리게 하여 민감한 감수성을 길러주며, 인간과 자연을 존중 · 배려할 뿐 아니라 함께 더불어 성장하는 생명체임을 알아차리게 한다.

특히 이러한 숲 체험을 통해 다양한 미술표현활동과 예술활동을 통합적으로 표현할 수 있도록 격려하는 경험은 어린이를 창의적이고 건강하며 행복한 어린이로 성장하는 데 큰 영향을 미치게 됨을 시사한다.

이 책에 수록된 어린이 숲 · 명상 · 창의 · 예술 프로그램은 2009~2019년 동안 동국대학교 불교아동교육연구소－숲 · 예술 · 창의 프로젝트(소장, 이수경)에서 경주시와 보건복지부 지원의 「아동 창의력 증진서비스」로 활성화되었다.

수업은 주1회씩 매주 토요일 3~4시간 정도 동국대학교 뒷산에서 활발한 숲놀이와 교실에서 다양한 통합적 미술 프로젝트로 실시되었다. 명상과 함께하는 숲 · 예술 · 창의 교육은 어린이들이 자발적, 능동적으로 자연 속에서 뛰어놀고 친구들과 소통하는 과정에서 진행하였다.

연구에 참여한 아동은 경주시에 거주하는 유아 및 초등학생으로 구성되며 숲·예술 창의력 연구소에서 실시하는 숲·예술 창의력 증진 프로그램을 주 1회씩 참여하였다. 매 회기마다 대학원 석·박사생들과 연구 교사, 대학생 보조자(아동학 전공)들이 함께 활동에 참여하였다. 정규 교육기관에서 놓치기 쉬운 창의성교육과 인성교육의 활성화를 위하여 이 프로젝트는 활발한 에너지로 진행되었다.

이 책이 완성되기까지 숲·예술 창의 프로젝트에 초기부터 함께한 사랑하는 석·박사 제자 남효인, 박경희, 김경애, 이은화, 이지희, 김혜진, 윤성원, 이혜진, 김하진, 이은영, 손소영, 조은희 연구원 및 대학생 보조자(아동학 전공), 함께 참여한 경주지역 어린이들과 가족 여러분의 정성으로 이 책이 나오게 되었다. 특히, 명상지도에 도움을 주신 도윤 스님, 자성 스님을 비롯하여 동국대학교 WISE캠퍼스 아동·청소년 교육학과 민희정(혜주 스님) 교수, 이지희 교수 및 김혜진, 김경애, 오송희, 윤성원, 이은영 교수, 도움을 주신 모든 분들께 깊은 감사를 드린다.

또한 한국 수묵화가로 세계적으로 유명하신 소산 박대성 화백님과 경인교육대학교 미술교육과 이주연 교수, 경기대학교 유아교육과 이부미 교수의 따스한 격려에 깊은 감사를 드린다.

이 책이 어린이교육을 전공으로 하는 예비교사 및 교육현장에서 어린이를 지도하는 여러 선생님과 학부모 여러분들께 도움이 되길 바란다. 부족한 책이지만 어린이의 따스한 인성과 빛나는 창의성 교육을 위한 미술 중점 예술 교육에 도움이 되길 바란다.

또한 이 책이 나오기까지 출판을 위해 애써주신 교육과학사 사장님을 비롯한 편집실 여러분께 깊은 감사를 드린다.

2024. 7

이수경, 이소정

차 례

I

명상과 함께하는

숲 · 예술 · 창의 프로젝트 연구

오늘날 숲은 인류와 생명, 문화를 지속시킬 수 있는 대안으로 대두되고 있다. 인간 중심의 사고에서 벗어나 자연과 인간의 관계, 모든 생명체들이 조화롭게 공존함으로써 황폐화되어가는 지구를 되살려 상생하는 지구로 복원할 수 있어야 한다. 특히 숲·자연 환경은 우리에게 아름다운 풍경과 민감한 감각의 세계를 체험하도록 하는 생명의 터전이며, 온갖 생명이 함께 살아가는 열린 공간이다. 우리는 숲이 주는 풍경을 감각적으로 느끼고, 자연의 향기와 색과 소리, 촉감을 감지한다.

숲에서 생명의 세계를 감각적으로 체험하며, 사유하고 알아차리는 과정은 어린이의 직관 및 감성능력을 향상시킨다. Wilson(1996)은 자연환경이야말로 어린이에게 가장 좋은 경험을 제공하는 곳이라고 하였다. 자연물은 어린이들이 직접 경험하고, 조작할 수 있는 생동감 있는 자료이고, 자연에서의 다양한 경험과 활동은 아동의 감성지능과 창의적 표현력을 촉진한다. 또한 숲 체험을 통해 아동은 인간과 자연과의 조화로운 관계를 배우게 되며, 신체와 정신을 전인적으로 성장 발달시킬 수 있다. 즉 자연 속에서 탐색과 놀이활동을 하면서 어린이는 모든 발달 영역을 통합적으로 연결하며 전인적인 성장발달을 할 수 있다. 또한 숲은 항시 유동적이며 변화무쌍하며, 고정개념이 없는 자유로운 자연물들이 산재해 있으며, 이를 놀이 속에 창의적으로 사용할 수 있다. 자연물과 함께 즐기는 놀이는 아이들의 상상력과 창의력을 향상시킨다고 하겠다.

본 연구에서는 숲·예술 창의 프로젝트가 아동의 창의성 및 창의적 미술 표현력과 감성지능에 어떠한 영향을 미치는가를 검증하는 목적을 갖고 연구하였다(이수경, 2012).

1. 숲 체험의 의의 및 필요성

오늘날 숲은 아동에게 어떠한 곳인가? 우리는 우리의 아이들에게 숲을 느끼고 체험할 수 있는 기회를 제공하는가? 페스탈로치는 '자연은 바로 진정한 교사'임을 강조하고, "아이들을 자연으로 내보내라. 언덕 위와 들에서 아이들을 가르쳐라. 그곳에서 아이들은 좋은 소리를 들을 것이고, 그때 가진 자유의 느낌은 아이들에게 어려움을 극복할 수 있는 힘을 줄 것이다."라고 하였다(Pestalozzi, 1987).

즉 놀이 중심의 숲 체험활동을 하면서 아이들은 모든 활동영역을 통합적으로 구성하며 전인적인 성장발달을 할 수 있기에 '자연은 교육의 원천이다'라고 할 수 있다. 아이들이 체험하는 숲에서의 경험은 '생명의 소중함', '배려', '책임감', '공존', '관계', '겸손', '자신감', '배려', '우정' 등의 교육적 주제들과 연결될 뿐 아니라 배움의 장으로서 숲의 역할에 주목할 필요가 있으며, 숲으로 나왔을 때 또 다른 배움의 장이 펼쳐진다고 하겠다.

이와 같이 어린이들은 숲 체험 및 놀이활동을 통해 숲이 지닌 아름다움과 경이로움을 발견하고, 숲 체험은 숲이 변화무쌍한 다양한 변화와 인간과 동물, 식물이 공존하는 가치 있는 생명의 공간임을 이해하는 데 도움을 준다. 또한 숲 체험을 통해 어린이들은 심리적으로 편안하게 되며, 숲속에서 서로의 관계와 상관성, 서로 연결됨을 알아차리게 된다. 즉 모든 생명체들이 서로 연관되어 있음을 이해하고 신뢰로운 만남을 갖기 위한 장이 된다.

특히 숲 활동은 어린이들이 지닌 감각을 활성화시켜 감성 및 직관력을 길러줄 뿐 아니라 상상력과 창의력을 향상시킨다. 또한, 자연의 변화와 법칙을 알아차리고, 그 변화를 민감하게 느끼며 모든 생명의 존재들에 대해 서로 존중하는 마음을 갖게 하는 데 중요한 의미가 있다고 본다(이수경, 2009).

2. 숲 · 예술활동과 창의성 및 창의적 표현

숲 체험과 함께하는 예술활동은 오감을 활성화하는 것을 배우게 한다. 아이들은 손으로 만져보고, 눈으로 살펴보며, 귀로 듣고, 냄새 맡고, 맛보고 느낀다. 특히 숲이 가지고 있는 다양성과 경이로움을 체험한다. 숲의 자연적인 환경을 체험하면서 편안함을 느끼고, 숲의 많은 생명체들과의 직접적인 만남은 생명에 대한 소중함을 자극한다.

아이들의 창의성과 창의적 표현은 유아기부터 활발하게 발달하기 시작한다. 유아들은 주변 환경을 탐색하면서 자신의 신체부위에 대해 알아가고, 주변 세계에 대한 감각 등을 탐색하며 자신의 문제를 해결하려고 시도한다. 창의성은 아이들이 다양한 문제

해결을 하려는 노력에서 시작되고, 긍정적인 새로운 행동에서 나타나기 시작한다(Gilford, 1952).

Torrance(1964, 1973)는 아이들의 상상력은 매우 풍부하고, 상상력은 창의성과 밀접한 관계가 있다고 하였다. 특히 숲・예술활동을 통해 아이들의 상상력과 창의적인 태도 및 자주성을 격려해주는 것은 창의적인 능력을 촉진한다고 할 수 있다.

예술은 시각 예술을 포함한 드라마, 음악, 무용, 문학 등을 포함한다. 미술을 포함한 다양한 예술활동은 아이들로 하여금 창의성, 독창성, 개성을 표현하게 한다. 특히 미술활동은 상상력이 풍부한 아동에게 창의력을 향상시키기 위한 훌륭한 매체이며, 아동의 상상력은 미술활동을 통해 확산될 수 있다. 미술은 발견, 탐구, 실험, 발명을 촉진하는 개방적인 창작활동이라 하겠다(Schirrmacher, 2006). 숲 체험을 통해 자연을 탐색하고 놀이하면서 상상력을 키우고 남과 다르게 독창적으로 표현하는 창의적인 방법을 발견한다. 숲에 산재해 있는 자연 소재들은 제한이 없는 자유로운 소재이므로 자연물과 함께 놀이하는 시간은 확산적인 독창성을 발현하도록 돕고, 관찰하고 문제해결하며 측정하고 가설 세우는 능력을 길러준다.

이수경(2005, 2009)은 숲과 함께하는 예술 명상활동은 유아의 창의성과 창의적 그림 표현에 긍정적인 효과를 보였다고 보고하였다. 즉 어린이들이 자연과 교감하고 명상하며, 탐색하고 느낌을 나누는 예술적 경험이 의미 있게 실시될 때 숲속 자연은 획일적이지 않은 개방된 창의적인 교육환경이 될 수 있다고 하겠다.

3. 숲・예술 활동과 감성지능

숲 체험과 함께하는 예술활동은 다양한 감각적 경험을 중요시한다. 풍부한 감각체험은 어린이의 풍부한 감성지능을 길러주며, 활성화된 개인적인 경험의 범위를 보다 넓은 사회적인 경험으로 확장해준다.

감성지능의 개념을 Salovery와 Mayer(1990)는 자신과 타인의 정서를 평가하고 표현할 줄 아는 능력, 자신과 타인의 정서를 효과적으로 조절할 줄 아는 능력, 그리고 자신의 삶을 개척하고 성취하기 위하여 정서를 활용할 줄 아는 능력으로 정의하고, 아동의 감성지능을 촉진해야 한다는 것을 강조하면서 감성지능은 교육에 의해 증진될 수 있음을 시사하였다. Goleman(1995)은 Salovery와 Mayer의 감성 (정서)지능 구성요소를 정리하여 자기감정인식, 자기감정연구, 자기동기화, 감정이입, 대인관계기술 등 다섯 가지 구성요소로 규정하였다. 즉 감성지능은 개인 자신의 정서적 발달과 타인과의 관계로 확장된 정서적 발달을 의미한다고 할 수 있다.

1986년 스위스에서 처음 시작된 산림학교(Waldschule)는 숲을 감성적으로 지각하는 것에 중점을 두었다. 숲에서 체험하는 자연과의 만남은 신뢰성과 책임 의식을 갖도록 하며, 자연 속에서 경험한 것을 기억하게 함으로써 성인이 되었을 때 자연스러운 행동을 가르칠 수 있고, 숲속에서 보낸 어린 시점의 기억은 산림 황폐 등 환경문제에 대한 관심을 갖게 할 뿐 아니라 어린이의 오감 및 감성을 활성화시킨다고 할 수 있다. 즉, 숲 체험활동은 적응행동을 도와 환경에 대한 독립적 적응능력을 길러주며 심미감을 길러주고, 인지적 성장을 가능케 한다.

특히 숲에서 만난 자연물들은 풍부한 대화 내용을 제공하여 의사소통 '기술을 발달시키며, 넓은 공간에서 오감을 활용하는' 다양한 경험을 통해 감각운동 발달에 도움을 준다. 특히 자신 이외의 생명체나 사물에 대한 관심과 돌보고자 하는 욕구를 숲·체험활동을 통해 경험할 수 있으므로 사회·정서 발달에도 효과적이라고 할 수 있다. 이와 같이 숲, 자연은 어린이를 어린이답게 길러낼 수 있는 가장 훌륭한 공간이고 우리 내부의 숨겨진 감성을 일깨우고 생명의 소중함을 깨닫게 하며, 온갖 생명을 차등 없이 사랑할 수 있는 방법을 알려주는 곳이라고 할 수 있다. 김경애(2011)는 숲 체험활동이 아동의 감성지능과 생명존중 인식에 긍정적인 영향을 미치는 것으로 보고하였고, 김효진(2006)은 숲 체험 활동이 유아의 감성지능을 향상시킨다고 하였으며, 이옥자(2007)는 학교 숲을 활용한 통합교육프로그램이 아동의 정서지능 향상에 긍정적인 영향을 미치는 것을 발표하였다. 또한 숲 체험이 유아의 자아개념발달에 효과가 있으며(이수경, 2005; 박경희, 2005), 식물과의 상호작용이 많을수록 아동의 감성지능이 높은 것으로 나타났다. 이와 같이 숲 체험 활동은 오감을 통해 느끼고 반응하며, 아동의 감성지능 및 감성발달과 밀접한 관련성을 갖는다고 볼 수 있다.

4. 프로젝트의 개요

일상적으로 경험하는 숲 체험은 자연에 대한 경이로움을 느끼게 하며, 어린이들이 지닌 무한한 감수성과 직관력을 길러준다. 숲에 산재해 있는 모든 자연소재들은 어린이들의 창의적인 놀잇감이 되며, 자연은 어린이들을 창의적으로 자라게 한다. 만나는 자연물들과 함께 놀이하며, 명상하고 이때 느낀 감각이나 감정 · 생각 등을 창의적인 미술표현활동으로 표상하고 동극, 인형극 공연 및 작품 발표 등의 통합적인 예술 프로젝트를 실행하는 것은 아동의 창의성 및 감성지능을 향상시킬 수 있다고 본다.

1) 프로젝트의 구성원리

숲 · 예술 창의 프로젝트의 구성원리는 다음과 같다.

첫째, 감각중심활동: 숲 체험 속에서 자연을 오감으로 지각하도록 한다. 촉감으로 느끼고, 듣고, 냄새 맡고, 맛보고, 보고 느끼도록 하며, 자연을 자세히 탐색하며, 몰입하여 관찰함으로써 직관교육이 일어나게 한다.

둘째, 숲 체험과 놀이활동: 숲 체험과 놀이활동을 격려한다. 놀이는 자발적이며, 결과보다는 과정 중심적이고 정해진 방법을 따르기보다 창의적이고 다양하다. 자유로운 놀이과정 속에서 어린이는 다양한 신체놀이를 즐기면서 창의적인 발상이 가능하게 한다.

셋째, 자연과 교감하는 명상활동: 숲속 체험과 자연 명상활동을 통해 자신과 자연을 자세히 살펴보고, 있는 그대로 알아차리며, 자연의 아름다움과 생명력을 관찰하고 발견하도록 한다. 명상을 통해 우주만물의 생명들이 서로 연기되어 있음을 알아차리고, 나와 너, 자연과 인간, 온 생명이 둘이 아닌 하나임을 알아차린다. 이는 서로를 존중하고 상생하는 길을 모색하게 한다.

넷째, 예술표현활동: 숲 체험 및 명상과 연계된 느낌, 감정, 생각 등을 창의적인 미술활동으로 표현하게 하며, 또한 여러 장르의 예술활동으로 통합적인 표상작업을 격려한다. 숲 · 명상활동을 통해 새롭게 알아차린 감각과 새로운 에너지와 지혜, 통찰과 깨달음을 유용하고 생산적인 창작활동으로 표현할 수 있도록 지도한다.

다섯째, 소집단 협력 활동: 소집단 상호작용 속에서 숲 체험 및 미술·예술활동이 이루어지도록 하면서 창의성을 길러 줄 수 있다. 상호작용을 통한 협력학습에서 학습자들은 다양한 관점에 대해 서로 이야기 나누면서 사회적 인지활동을 경험하고, 지식을 공동으로 구성해 갈 수 있다. 상호작용을 통한 미술 및 예술활동은 협력수업과 소집단 활동으로 주로 이루어지고 서로의 의견이나 아이디어를 나누면서 토론과 협의의 과정을 거치는 과정은 학습한 내용과 학습과정에 대하여 반성적 사고를 유도한다. 또한 다른 사람을 이해하고 더불어 사는 지혜를 배울 수 있게 된다.

여섯째, 학습자 중심 활동: 어린이는 능동적으로 자신의 경험을 재구성하고 자신에게 의미 있는 지식이나 정보를 적극적으로 학습하는 의미의 능동적 구성자, 산출자, 해석자이며, 상호작용을 통해 학습해 가는 존재이다. 교사는 어린이들이 의미 있는 숲활동에 참여할 수 있도록 관찰자, 안내자, 촉진자의 역할을 한다. 여기서 안내자의 역할이란 숲의 여러 가지 생명체 등을 발견하고 경이로움을 나타내는 태도를 보여주거나 놀이참여자로서 함께 참여하고, 격려와 질문을 통해 어린이의 감각 및 자연친화적인 체험을 지원해준다. 교사는 아동의 현재 수준보다 약간 높으면서 세심한 외부의 지원을 받으면서 해결해 갈 수 있는 수업상황을 설정하고, 다양한 매체에 대한 적극적인 탐색활동을 격려한다. 또한 개방적인 질문과 다양한 시도를 해 볼 수 있는 기회를 주고, 지원해 줄 수 있다.

2) 교육목적 및 목표

어린이들을 위한 숲 체험교육은 자연과 인간과의 공존의 관계, 상생의 관계를 인식하고 실천하는 태도 및 기초 능력을 키우는 것을 목적으로 실천되어야 한다(이수경, 2010). 뿐만 아니라, 숲은 어린이들의 오감을 활성화시키므로 감성적으로 지각하도록 하며, 상상력과 감각을 자극하여 창의력을 증진한다. 특히 어린이들은 경쟁적이지 않은 자연과의 만남을 통해 안정감과 편안함을 느낄 수 있으며, 신뢰성과 책임의식이 길러질 수 있다.

숲은 어린이에게 무한한 상상력과 탐구심 그리고 창의력을 길러주는 원천이 된다. 숲속에 산재된 자연물들은 고정되지 않고, 늘 변화하며 다양하다. 고정개념으로 정해지지 않은 자연과의 직접적인 만남은 아이들의 상상력과 창의력을 활성화시키며 직관력을 향상시키는 교육이 실현된다고 본다. 어린이들은 숲 체험 및 자연명상활동과 연계된 예술표현활동을 실시하면서 세상 만물이 서로 연결되어 있으며, 상관성을 갖고 있음을 자연스럽게 알아차린다. 즉, 자연과 인간이 둘이 아닌 하나의 도리로 살아감을 알고, 자연과 함께 상생하는 태도를 배울 수 있다. 또한 다양한 예술활동은 창의력 증진 및 감성능력이 풍부한 건강한 어린이로 성장하는 데 긍정적인 영향력을 미친다고 본다(Lee, 2011).

3) 교육내용 및 교수방법

① 교육내용

어린이의 창의성과 감성지능을 개발하기 위한 숲·예술 창의 프로그램의 교육내용은 다음 〈표 1-1〉과 같다.

〈표 1-1〉 명상과 함께하는 숲 · 예술 창의 프로젝트 핵심 교육내용

교육목표	• 숲 탐색놀이 및 숲속의 생명체와 교감을 나누는 명상활동을 통해 감수성을 향상시키며, 서로 상호 연결되어 있고 더불어 살아가는 존재임을 느껴보게 한다. • 숲 체험 · 명상활동과 연계한 예술 활동을 실시함으로써 심미적 태도를 기르고 창의성 및 창의적 예술표현을 이끌 수 있다.	
교육내용	1단계: 숲 탐색 및 신체놀이	• 가까운 숲이나 뒷산으로 올라가서 나무들이 우거진 고요한 숲속에서 매회 15~20분 정도 숲속 탐색 · 신체놀이 활동을 실시한다. • 자발적으로 몸을 움직여 즐기는 신체 놀이, 자연탐색놀이 및 전통놀이(비석치기, 투호놀이, 숨바꼭질, 땅파기, 땅따먹기, 고무줄놀이, 줄넘기 놀이) 등을 즐긴다.
	2단계: 숲속에서 즐기는 요가활동 및 숲 · 자연 명상	• 신체감각을 일깨우는 요가활동을 20분 정도 한 후, 숲속에서 만날 수 있는 자연물과 교감명상 및 호흡명상을 5~10분 정도 실시한다.
	3단계: 창의적	• 숲에서 느낀 몸의 감각과 느낌, 생각 등에 대하여 소집단 토의를

	미술표상 활동 및 예술 프로젝트	실시한다. • 자신의 느낌과 생각 등을 다양한 재료와 매체로 표현할 수 있는 미술표상 활동을 개인 혹은 소집단 활동으로 진행한다. • 미술표상활동을 중심으로 동극이나 인형극으로 발전하여 극본 제작 및 소품 만들기, 무대구성 및 공연연습에 이르기까지 3~4주 통합적 예술 프로젝트로 연결될 수 있다.
	4단계: 사후활동 (전시 및 발표하기)	• 숲 체험 · 명상활동과 예술 프로젝트를 실천하면서 느낀 점이나 의도에 대해 이야기를 나눈다. • 그동안 표상한 작품들로 전시 및 동극 · 인형극 공연을 갖는다. • 부모님을 초청하여 설명회를 갖는다.

숲속 탐색 및 놀이 활동은 어린이의 생명존중의식을 길러주며, 인간을 포함한 우주 속에 존재하는 모든 생명체들은 공생해야 하는 존재임을 인식하는 지혜를 일깨워 주는 데 도움을 줄 수 있다.

또한 자연물과 함께하는 자연명상 활동은 내가 어떤 존재인지, 자아가 외부의 상황에 따라 어떻게 반응하는지를 지켜보고 알아차리는 과정으로 환경의 자극이나 현상적 자아에서 벗어나 본래의 자아와의 연결, 우주적 실체와의 연관을 경험하게 한다. 이러한 체험을 통해 아이들이 자신의 생각이나 욕구에 얽매이지 않고 자신과 다른 사람, 그리고 자연과 모든 사물을 있는 그대로 순수하게 보고 듣고 느낄 수 있도록 이끌 수 있다. 이러한 명상활동은 감각기관을 민감하게 하고 정서적 안정감 및 감성지능을 길러준다. 또한 창의적인 잠재력을 일깨우고 예술 창작활동에서 보다 독특하고 창의적으로 표현하는 능력을 일깨워 줄 수 있다(이수경, 2006).

② 교수방법

교수학습방법은 다음과 같은 점에 중점을 두어 지도한다.

첫째, 어린이의 흥미와 요구, 개성을 존중하고 발달에 적합하며, 숲 체험과 연관된 자발적이고 능동적인 감각놀이 활동과 신체활동을 격려한다.

둘째, 개별 활동보다는 가능한 한 소집단 협동학습(3~4명)을 격려하고, 숲 체험 · 놀이 및 자연과 관련된 활동을 계획하고 구성하도록 유도한다. 자연친화적인 주제에 따른 독창적이고 다양한 미술표현활동(그림 그리기, 꼴라주, 판화, 찰흙이나 자연물로 구성하기, 폐품재료로 입체물 구성하기, 창의적 동시 쓰기, 동화 극본 쓰기, 연극 놀이, 인형극) 등을 유도하고, 이에 대한 느낌과 생각을 소통하는 시간을 갖는다.

셋째, 어린이와 교사의 상호작용을 격려할 뿐만 아니라, 또래 친구들과의 긴밀한 의사소통을 통해서 어린이들의 느낌과 의도를 창의적으로 발전시키는 데 중점을 두며, 발상적 질문 등을 통한 토의 활동 및 다양한 문제해결을 유도하는 간접적 교수방법을 주로 실시한다.

넷째, 어린이들의 관심을 모은 모아진 프로젝트 주제를 탐구·표상하는 과정에서 소집단 별로 협력하며, 자율적·주도적으로 진행하도록 지도하며, 교사는 어린이의 놀이 파트너로 참여하고 조언하며, 안내자 또는 조력자 역할을 한다.

다섯째, 각자 느낌이나 생각을 창의적인 미술 활동으로 표현하고, 미술작품 제작 및 전시, 동극·인형극 공연 등을 계획하고 실천하면서 서로의 느낌과 생각을 공유하며, 의사소통하는 시간을 소중히 한다.

4) 명상과 함께하는 숲·예술·창의 프로젝트 사례

숲속 놀이체험 및 명상을 통해 방금 획득한 새로운 에너지와 지혜, 통찰과 알아차림을 창의적이고 생산적인 예술 활동으로 표현하도록 한다. 아이들로 하여금 새롭게 형성된 에너지와 창의력을 다양한 미술이나 예술활동, 창의적인 글쓰기, 신체 움직임, 생각이나 느낌 나누기, 토론, 창의적인 대화, 알아내기 게임이나 창의적인 문제해결 등으로 발전시키도록 격려한다.

이때 교사는 인간, 우주, 자연 사물들은 일정한 법칙과 질서 가운데서 상호작용하는 존재이며, 인간을 포함한 우주의 모든 사물은 서로 긴밀하게 연결되어있음을 이해하고, 모든 존재를 관계의 존재로 이해하여야 한다. 즉 관계성의 원리와 질서를 이해하고, 존재의 원리를 알고 이를 존중하며, 자연과 사물에 대한 배려하는 마음을 가져야 한다.

자연에 대한 경이로움과 고마움을 알아차리는 숲·체험활동과 연계한 예술창의 프로젝트의 예를 살펴보면 다음 〈표 1-2〉와 같다.

〈표 1-2〉 명상과 함께하는 숲 · 예술 · 창의 프로젝트의 사례요약

<table>
<tr><th colspan="3">프로젝트명: 숲속 놀이터와 백로 공원 구성하기</th></tr>
<tr><td>주제선정 이유</td><td colspan="2">• 숲 산책을 통해 다양한 생명체들을 탐색하면서 생명의 경이로움을 체험하고, 숲에서 백로 서식지를 발견하면서 백로에 대한 관심이 많아졌다.
• 숲과 백로들을 위해 할 수 있는 일에 대해 토의하고, 이를 그림으로 그리거나 자연물을 활용한 입체 조형물을 만드는 과정에서 "백로 놀이터"를 비롯해 다양한 조형물을 제작하려는 의도가 점차적으로 높게 나타났다.</td></tr>
<tr><td>교육목표</td><td colspan="2">• 숲은 많은 생명체가 함께 살아가는 공간으로서 생명의 다양성을 경험할 수 있는 장소이며, 자연과 인간이 더불어 살아가는 공동체임을 자각할 수 있다.
• 숲 체험 및 명상활동과 연계한 예술활동은 아동의 창의성과 창의적 표현력 및 감성지능을 향상시킬 수 있다.
• 숲을 구성하는 생명체들을 탐색하고, 숲의 생명체들이 우리에게 주는 이로운 점에 대해 이야기를 나누고 감사함을 느낄 수 있다.
• 백로와 자연(나무, 꽃, 풀) 등을 자세히 관찰하고 최대한 오래, 많이, 깊게, 있는 그대로 알아차린다. 마음을 차분하게 가라앉히고 사물을 있는 그대로 바로 보는 법을 배울 수 있다.
• 백로를 비롯한 숲속의 생명체와 교감을 나누는 명상을 통하여 인간과 자연은 서로 상호 연결된 존재이며 더불어 살아가는 존재임을 느껴보게 한다.</td></tr>
<tr><td rowspan="2">진행과정</td><td>1단계
(사전활동, 주제도입)</td><td>• 숲과 숲에 사는 생명체에 대한 있는 그대로 알아차리는 경험 나누기, 백로 서식지에 대한 생각과 느낌 나누기
• 숲과 숲에 사는 생명들, 백로 서식지에 대한 자료 찾아보고(관련 서적, 숲속 그림이나 백로 사진, 숲속 음악) 함께 이야기 나누기</td></tr>
<tr><td>2단계
(숲 · 체험 탐색 놀이 · 명상과 연계한 예술표현 활동)</td><td>1) 숲속 탐색활동에서 숲속에 사는 백로와 많은 생명체를 관찰하기(흙, 바람, 해, 공기, 꽃, 나무, 곤충, 열매, 솔방울, 나뭇가지) - 야생화의 특징 관찰하기 - 백로 서식지와 백로 서식지가 아닌 숲의 차이점 발견하기 - 나무의 특징(이름, 색깔, 향기, 잎 모양, 꽃잎 모양, 가지와 잎사귀 모양, 열매 모양, 열매 색깔 등등) 알아차리기
- 숲에 함께 사는 곤충이나 동물, 식물을 관찰하고 알아차리기
2) 백로 서식지 탐색하고 관찰하기
• 백로의 특징 살펴보기
• 백로가 나뭇가지로 만든 보금자리와 백로의 알 껍질, 새끼 백로들의 울음소리, 백로의 배설물 냄새, 백로 서식지인 숲의 훼손 등을 관찰한다.
3) 명상활동과 미술표현활동
① 나무 교감 명상 및 그림 그리기
• 백로 서식지 가까이에 있는 나무 중에서 각자 자신의 나무를 정하고, 나무와 마음을 나누는 시간을 갖는다.
• 먼저 깊은 호흡을 하도록 한다. 들숨을 알아차리고 날숨을 알아차리면서 호흡을 한다.
• 나무를 있는 그대로 보는 연습을 한다. 가능한 한 넓게 보고, 오랫동</td></tr>
</table>

안 보고, 깊게 보고, 세심하게 보고, 있는 그대로 알아차리도록 한다.
- 나무를 껴안고, 나무를 손으로 어루만지면서 귀를 기울이고, 향기를 맡으면서 나무와 교감할 수 있는 시간을 갖는다.
- 자연에 대한 애정과 감사의 마음을 기른다.
- 나무를 생각하면서 본 것, 느낀 것을 자유롭게 그려보도록 한다.

〈그림 1〉 자연물 탐색 및 나무 명상 장면

② 백로 놀이터 제작하기 - 백로 서식지에서 백로를 관찰하면서 백로와 마음 나누는 시간을 갖는다.

- 먼저 깊은 호흡을 하고 들숨과 날숨을 알아차리면서 호흡한다.
- 백로가 살고 있는 서식지를 잘 살펴본다. 있는 그대로 나무와 나뭇가지, 나뭇잎 등을 관찰하고 백로를 잘 관찰한다.
- 백로에게 하고 싶은 이야기를 조용히 해보고 백로가 하는 이야기를 잘 들어본다.
- 백로에 대한 감사의 마음을 갖는다.
- 백로를 그려본다.
- "백로들이 안전하게 놀이할 수 있는 놀이터를 만들자"라는 안건을 토의하고 이를 설계하고 구성해본다.

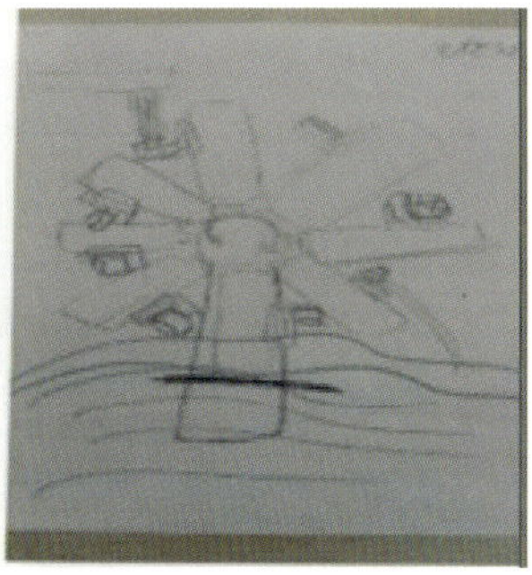

〈그림 2〉 백로 놀이터 계획 및 설계도

<table>
<tr>
<td></td>
<td>3단계:
심화활동
(다양한
예술
표상활동)</td>
<td>숲 예술 프로젝트 중에 소집단 토의에서 이야기 나눈 다양한 예술표상활동의 주제를 간략하게 소개하면 다음과 같다.
- "숲속나라" 포스터 그리기 - "숲속놀이터 · 백로공원" 만들기(협동 조형물)

〈그림 3〉 숲속놀이터 제작 및 협동으로 꾸미기

〈그림 4〉 백로들의 숲속놀이터 및 백로공원 조형물

- "숲을 지켜다오" 디오라마 세트 협동 조형물 만들기
- "숲속놀이터 탄생"(인형극 제작하고 공연하기)
- "숲속 동물들이 바다 여행을 가요"(인형극 제작하고 공연하기)
- "동물들과 사람들의 소중한 숲"(인형극 제작하고 공연하기)
- "상어가 없어진 날"(인형극 제작하고 공연하기)
- "늑대의 버릇을 고친 새들"(시나리오 작성 및 연극 공연)
- 협동 조형작품: "백로공원", "숲속놀이터", "숲을 지켜다오" 작품 제작하기

〈그림 5〉 "숲을 지켜다오" 조형물 사진</td>
</tr>
</table>

		- "숲속을 걸으면 시인이 됩니다."(동시 쓰고 낭독하기) - "숲에서 깨어있기"(명상하는 조각품)
	4단계: 사후활동 (느낌 나누기 및 전시 · 발표 하기)	• 그동안 표상한 작품들로 전시회를 갖는다. • 부모님을 초청하여 설명회를 갖는다. • 숲 · 명상 예술 프로젝트를 하면서 달라진 나의 모습에 대해 이야기를 나눈다.  〈그림 6〉 작품에 대한 설명회 장면  〈그림 7〉 백로공원 협동화  〈그림 8〉 프로젝트 과정 전시 및 연극 공연 장면

교육적 효과	• 숲 · 예술 창의 프로젝트는 살아있는 생명체의 소중함을 느끼고, 숲속 생명체에 대한 배려심과 아끼는 노력들을 엿볼 수 있다. • 자연물과 함께하는 명상활동 및 숲속놀이 활동에서 주의집중력이 상당히 높아졌으며 다양한 어휘표현과 정서적인 만족감 및 친사회적 성향이 향상되었다. • 그림 속에서 주로 나타나는 나무, 꽃, 곤충 등의 형태가 좀 더 다양해지고, 독창적이며 정교한 특징 등의 창의적인 표현이 다양하게 표현되었다. • 숲 · 예술 창의 프로젝트를 통하여 상상력, 창의력 및 창의적 미술 표현력이 향상되었으며, 민감한 감수성이 향상되었다. • 프로젝트 실시 과정에서 창의적 미술 표현력 및 감성지능이 점차 향상되었다.

숲 • 예술창의 프로젝트를 실시한 실험집단이 실시하지 않은 비교집단보다 창의성, 창의적 미술 표현력, 감성지능의 각각 하위영역에서 긍정적인 영향을 보인 것으로 나타났다.

어린이들이 일상적으로 체험하는 숲 활동은 자연의 지속적인 변화를 오감으로 알아차리게 하고, 감수성을 민감하게 하며, 자연을 존중 • 배려하게 하며, 함께 더불어 살아가는 생명체임을 알아차리게 한다. 또한, 이러한 숲 체험활동을 통합적으로 표현하는 다양한 미술 및 예술활동은 어린이의 창의성 및 창의적 표현력과 감성지능을 촉진하는 데 긍정적인 영향을 미치게 됨을 시사하고자 한다.

Ⅱ

숲 · 예술 · 창의 놀이학교 이야기

제1장 숲은 내 친구

1. 숲의 개념과 가치

숲이란 나무가 무성하게 꽉 들어찬 곳 또는 풀, 나무, 넝쿨이 한데 엉킨 곳을 의미한다. 우리나라에서는 숲을 산림 또는 삼림이란 용어로 혼용하고 있다. 숲에서는 식물과 동물, 미생물도 다수 서식하며 서로 연관되어 있을 뿐만 아니라 토양과 대기 등 환경과도 밀접하게 연결되어 유기적 결합체를 구성하고 있다. 숲이라는 환경은 어린이의 호기심 자극은 물론 그 공간의 특성상 어린이의 엄청난 활동량을 소화해 내기에 아주 적합하다. 게다가 숲의 자원은 무궁무진하며 어린이의 감각, 인지, 정서 등 전반적 발달에 긍정적 영향을 미친다.

숲이 주는 가장 중요한 효과는 공기 정화 기능이다. 요즘 미세먼지로 인해 실내 활동이 많아진 어린이들에게 숲의 공기는 특히 이로운 영향을 미친다. 숲속 나무에서 발산되는 피톤치드가 공기를 정화하는 역할을 한다. 피톤치드는 나무의 독특한 향기 성분으로, 그리스어로 '식물(phyton)'과 '살균(cide)'의 합성어다. 즉, 식물이 생성하는 살균 물질이라는 의미이다.

나무는 자신을 보호하기 위해 피톤치드와 같은 물질을 만든다. 솔잎의 향기나 나무 상처의 송진도 바로 피톤치드의 한 종류이다. 피톤치드에는 항균, 소취, 진정, 스트레스 해소 등의 기능이 있어 인체에 이로운 작용을 한다. 따라서 숲속 공기를 마시며 활동하면, 머리가 맑아지고 기분이 좋아지는 효과가 있으며, 숲은 어린이의 면역력 향상과 정서 안정에 도움이 될 것이다. 일본 와세다 대학 다나베 교수의 연구에 의하면 실내공기는 우리 인체의 화학물질 섭취에 약 57%의 영향을 미쳐 음식이 영향을 미치는 비율 7%에 비해 월등히 높다고 강조하면서 숲속에 가는 것이 어린이에게 매우 긍정적인 효과가 미칠 것이라고 하였다.

특히 숲에서는 피톤치드와 함께 음이온에 대한 효과 또한 입증되었는데 이 음이온은 숲속의 따뜻한 봄날 오전 10시쯤에 가장 많은 것으로 나타났으며, 축축한 흙 냄새와 풀숲에서 풍기는 훈기, 그리고 신선한 공기가 피부에 닿아 스며드는 느낌 등을 말한다. 음이온의 크기는 실제로 백만분의 1mm도 채 안되지만 삼림욕을 통해 피부로 흡수할 수 있다. 더불어 이러한 음이온을 통한 치료 효과가 널리 알려지면서 음이온을 통해 신체적 병을 치료하고자 하는 사람이 증가하였고, 병을 치료했다는 소식이 매체를 통해 심심찮게 전해지고 있다.

이와 같이 숲은 눈에 보이는 치료적 효과 이외에도 심리적 치유 효과를 가지고 있다. 숲은 인간에게 심리적인 안정을 주고 피로를 회복시켜 주어 심리적인 치유적 가치를 지니고 있다. 예컨대 스트레스, 우울증과 같은 현대인들에게 많은 정신적인 문제를 감소시킬 수 있으며, 특히 어린이에게 있어서는 심리적인 자유로움과 더불어 내적 안정감을 갖게 할 수 있다. 자연에서 놀이하는 시간을 충분히 가진 어린이는 그렇지 않은 어린이에 비해 행동 장애나 불안, 우울증, 스트레스 등을 낮출 수 있다고 숲에서의 가치를 주장하였다. 이처럼 숲은 우리 인간에게 신체적·심리적 치유 효과를 가져다준다(Nancy & Gray, 2003).

2. 숲 체험 놀이 활동의 교육적 의미

최근 우리나라는 숲 체험 놀이 활동에 대한 관심이 증가하고 있으며 다양한 어린이 숲 체험 활동 프로그램이 실시되고 있다. 숲에서의 자유놀이를 통해 어린이들은 지식 위주의 교육과 같은 정형화 교육에서 탈피하여 배움 중심의 수업 전개로 사회적, 정서적, 인지적, 신체적인 전인발달을 이루어나갈 수 있다. 자연과 함께하는 상호작용이야말로 어린이에게 적합하고 좋은 교육이며, 어린이 스스로 자연생태를 이해하는 대표적인 활동이라 할 수 있다.

이러한 숲 체험 활동을 통해 자연과의 접촉이 자연스럽게 이루어지고 그 속에서 숲과 일체감을 느끼게 된다. 자연에 대한 상상력을 길러내는 과정을 통해 이론이 아닌 오감을 통한 직접적인 체험을 할 수 있으며, 자연에서 접할 수 있는 흙, 나무, 꽃, 풀, 시냇물, 각종 곤충 등 어린이 주변에 있는 자연의 소재들을 학습에 적극 활용해 보면서 어린이가 직접 보고, 듣고, 만지고, 느끼고 조사해 보는 직접적이고 감각적인 활동 과정을 경험할 수 있게 된다.

어린이의 창의력은 아이가 온몸의 감각을 통해 자신을 둘러싼 주위 환경을 세심하게 관찰할 수 있을 때 발현되기 때문에 숲이라는 공간은 매우 중요하다. 숲에서의 다양한 체험을 통해 어려움을 극복하는 방법을 배우게 되고, 모든 감각기관이 숲을 통해 자극을 받아 촉진되며 숲의 동물과 식물 등과도 좋은 친구가 된다.

특히 자연과 우리 삶이 공존한다는 것을 깨달을 수 있게 한다. 어린이는 작은 것에도 관심을 갖고 새로운 경험을 갈구하며 호기심이 많기 때문에 새로운 것을 알아가고자 하는 존재이다. 이런 측면에서 숲은 어린이에게 있어서 놀이 공간과 운동 공간을 제공한다(Irene, 2012). 임재택(2010)은 자연 속에서의 놀이는 어린이다움을 되찾아 줄 수 있는 이상적인 활동이라며 숲 활동에 대한 중요성을 강조하였다. 자연은 많은 사람들에게 행복의 원천이 되어왔고 어린이에게 숲에서의 활동은 다양한 이점을 제공한다.

어린이기에 숲을 감각적, 구체적으로 만나고 경험하는 숲 체험 활동은 교육적으로도 큰 가치가 있다. 어린이들이 만나는 숲의 교육적 가치를 살펴보면 다음과 같이 4가지로 설명할 수 있다.

첫째, 심리적 치유 효과가 있을 수 있다. 자연 속에서 인간은 심리적 평온과 마음의 치유를 얻을 수 있고 감각을 조율해 간다. 어린이는 자연에서 자연 중심 교육방법을 통해 행복 호르몬인 '세로토닌'을 활성화하여 행복감을 느껴 정서적 안정감을 느낄 수 있다고 하였다. 이처럼 자연친화적 활동이 어린이의 행복감에 영향을 준다는 연구들은 많이 보고되고 있다.

둘째, 신체적인 효과가 있다. 숲에서의 활동은 실내 활동보다 공간적으로 자유롭다. 어린이들은 자유로운 공간 속에서 다양하고 즐겁게 움직이면서 대근육 발달과 감각기관의 발달을 도모할 수 있으며 이러한 몸동작은 어린이의 뇌에도 영향을 주어 지능교육에도 결정적인 역할을 한다. 또 숲의 특성을 활용한 경사나 비탈길을 오르내리기, 쓰러진 나무 위를 걸으며 몸의 균형을 잡는 활동 등은 신체발달에 영향을 준다.

셋째, 다양한 생명체가 공존하고 있는 숲을 통해 생명 존중에 대하여 배울 수 있다. 어린이가 숲에서 체험과 경험을 통해 생물체에 대한 지식을 얻는 것은 지적인 방법을 통해 얻는 것보다 더 소중하다. 또 자연 속 생명체들과의 교류는 어린이의 초기 발달에도 큰 영향을 미친다. 숲에서 활동한 어린이는 또래 관계에서도 더 활발한 상호작용을 하고, 자연 속 생명체들과의 관계에 대한 이해도가 높아 공존하는 삶의 태도와 인성교육이 가능하다. 이미 다양한 연구에서 자연에서의 교육이 생명존중, 대인관계나 인성교육, 감각기관 발달과 같은 긍정적인 교육적 가치가 있다고 하였다.

넷째, 숲은 어린이들의 상상력과 창의성을 발달시켜줄 수 있다. 숲은 어린이들의 상상력과 사고를 확장할 수 있으며 놀이의 변형을 줄 수 있는 잠재된 요소들이 많다. 따라서 어린이는 이러한 숲의 환경 속에서 현실에 얽매이지 않고 자유분방하게 상상력을 펼칠 수 있다.

이와 같이 숲은 다양한 교육적 가치로 인해 새로운 교육의 장소로 주목받고 있으며, 어린이들이 감각적인 오감을 통해 온몸으로 체득하는 학습의 총체라고 할 수 있다. 또한 숲은 어린이가 직접 체험하고 조작할 수 있는 자연물이 산재해 있기 때문에 가장 좋은 교육적 경험을 제공한다. 따라서 이는 어린이의 전인적인 발달로 연결될 수 있다.

어린이는 자연을 탐색하면서 심미감과 정서적 안정감, 상상력과 창의성, 언어적 표현능력, 탐구능력 및 문제해결력을 기르게 되고 협동심과 배려심, 자연에 대한 경외감과 감사하는 마음, 생명존중 등을 가질 수 있다.

3. 어린이 숲 놀이 사례

사례 1 어린이 숲 명상놀이 프로젝트 - 생명의 숲

1. 주제 선정 이유

① 가을 변화에 따른 숲의 모습을 아이들과 함께 느껴보고, 더 나아가 우리 지역에 있는 숲의 모습과 변화과정을 조사 관찰해 보고자 한다.

② 숲은 생명체가 함께 살고 죽어가는 '살아있는 공간'으로서 가장 자연스럽게 생명의 다양성을 경험할 수 있는 열린 공간이므로 감각을 통해 체득할 수 있는 가장 적합한 소재이다.

③ 자연 속에서 자연이 주는 고마움과 혜택을 느끼고, 더불어 살아가는 우리임을 알 수 있는 경험의 기회를 제공하고자 한다.

2. 교육 목표

① 숲의 의미와 숲을 구성하고 있는 요소들에 대해 관심을 갖고, 그들이 우리에게 주는 도움에 대해 알아보고 보호와 사랑의 태도를 기르고 실천한다.

② 숲에서의 지속적인 활동으로 다양한 생명체와 함께 생활하고 자연물을 이용한 놀이를 통해 자연은 소중한 우리의 친구임을 안다.

③ 다양한 나뭇잎과 수피 관찰을 통해 나무마다 생김새와 특징이 다름을 조사해 볼 수 있다.

④ 숲을 위해 우리가 할 수 있는 일과 우리도 더불어 살아가는 존재임을 명상활동을 통해 느끼고 체험한다.

3. 주제전개과정

주제 도입

1) '숲'에 대한 이전 경험 나누기

- 내가 알고 있는 '숲'의 정의와 떠오르는 모습에 대해 그림 및 단어로 표현해 보기
- 숲 1차 그림 표상활동

2) '숲' 하면 생각나는 것 적어보기 "브레인스토밍 및 유목화"

3) '숲' 관련 인터넷 검색 및 관련 서적 읽어보기

4) '숲(Forest)' 명상 음악 듣고 느낌 말하기

- 음악을 들으면서 생각나는 여러 모습들을 자유롭게 그림으로 표현하기
- 자신이 그린 그림과 느낌을 친구들과 서로 나누기

주제 전개

1) 숲을 둘러보아요

1-1. 울긋불긋 숲이 변했어요
- 여름과 달라진 숲의 모습 찾기
- 가을에 볼 수 있는 야생화 이름 식물도감에서 찾기
- 야생화 및 나무 팻말 만들기
- 점점 색깔이 변해가는 나무와 늘 푸른 나무 분류해 보기(표 작성하기)

1-2. 야생화의 나라 '산림환경 연구소'
- 선생님과 함께 야생화 관찰 및 조사해 보기
- 색깔별로 야생화 꽃 분류해 보기
- 야생화의 이름에 담긴 재미있는 이야기
- 내가 만든 야생화 백과사전

1-3. 푸르름의 나라 '계림숲'
- 계림숲에 있는 나뭇잎 및 나무껍질 프로타주
- 계림숲에 있는 다양한 나무의 종류 조사하기
- 계림숲에서 발견한 곤충과 벌레들

2) 자연과 교감하는 명상활동

2-1. 다양한 나무와 마음 나누기
- 생김새와 크기가 다른 여러 나무들을 관찰 조사한 후, 나무와 교감명상 나누기
- 나무 관찰 일지 기록하기

2-2. 보이지 않는 땅속 세상은?

- 우리가 살지 않는 땅속의 모습은 어떨지 서로 토의한 후, 자유롭게 그림으로 표현해 보기(공동화 작업)

2-3. 숲이 우리에게 주는 선물

- 숲이 우리에게 주는 점을 서로 말해보고 고마움을 편지로 적어 보기

2-4. '자연'과 관련된 이미지 명상

- 다양한 자연과 관련된 사진이나 그림을 통해 이미지 명상을 한 후, 내가 자연에게 하고 싶은 말이나, 자연이 나에게 어떤 말을 해 주고 싶을지 생각해 보고 글로 표현해 보기

2-5. 깊은 밤 숲속에는 어떤 일이 벌어질까요?

- 우리가 집으로 돌아간 후 밤이 되면 숲에는 어떤 일들이 벌어질지 팀별로 토의하고 그 내용을 그림으로 표현한 후 서로 발표하는 시간을 가져보기

2-6. 숲과 생명 이야기

- 숲의 구성 요소들이 순환됨을 이해하고 먹고 먹히는 약육강식, 즉 생태계의 모습에 대해 조사 탐구해 보기

3) 숲속에서의 재미있는 놀이 및 숲속 전시관 구성하기

3-1. 곤충들의 놀이터 구성하기

3-2. 숲속의 집 만들기

3-3. 소원 돌탑, 목탑 마을 구성하기

4) 교사-어린이 공동 '숲' 주제망 구성하기

- 숲을 직접 조사 탐구해 본 후, 어린이와 함께 주제망을 구성해 보고 교사의 예비 주제망과 어떤 점이 다른지, 어린이의 관심 영역은 어디에 집중되어 있는지 서로 이야기 나누어 보기

주제 마무리

1) 숲 사랑 포스터 제작하기

- 숲을 사랑하고 보호할 수 있는 내용이 담긴 그림을 그려 포스터 제작하기

2) 숲과 관련 동시 짓기 및 만화 그리기

- 가정과 연계하여 동시 짓기를 한 후 친구들에게 낭송하기
- 숲 관련된 만화를 재미있게 구성하여 다른 반 친구들에게 들려 주기

3) 우리 몸으로 구성하는 '숲'(신체 표현)

- 숲의 구성요소 해님, 구름, 바람, 비, 흙, 나무, 꽃, 곤충... 등등 아이들과 함께 이야기를 만들어 본 후 신체 표현해 보기

4) 자연사랑 생태 마크 제작하기

- 숲 보존을 홍보하기 위해 마크를 제작하여 선생님, 부모님, 친구들에게 직접 달아주면서 자연사랑 홍보 캠페인하기

5) 숲을 위해 우리가 만든 약속

- 숲을 보존하기 위해 우리가 지킬 수 있는 약속들을 정해보고 실천할 수 있는 방법에 대해 말해보기

6) 숲 복원하기

- 산불이 난 숲의 모습을 영상으로 본 후 서로의 느낀 점을 말해보고 울창한 숲의 모습을 디오라마로 재구성 복원해 보기

7) 숲 보존 캠페인 영상제작하기

- 숲 캠페인을 아이들과 어떻게 만들면 좋을지 말해보고 장면을 그림으로 그려 콘티 제작을 하고 역할을 나누어 홍보 영상물을 제작해 보기

8) 생명의 숲, 숲속 작은 예술제

- 부모님을 초대하여 우리가 조사 탐구한 숲의 모습과 특징, 소중함과 보호에 대해 어린이가 '숲 해설가'가 되어 설명해 드리기

8-1. 숲에 관한 다양한 활동 결과를 부모 앞에서 발표하기
  - 숲 관련 동시, OHP동화, 노래와 율동 발표

8-2. 부모님과 함께 참여하는 활동
  - 차 마시기 명상, 손 마사지 명상, 숲을 사랑해요-게임 활동 등

8-3. 부모님과 함께 하는 숲 명상 체험
  - 우리가 꾸민 숲속 전시관 소개하기, 자연물을 이용한 전시관 꾸미기, 나무 교감 명상, 소원 돌탑 쌓고 탑돌이하기, 등에서 전해오는 사랑, 발 맞추어 걷기 명상, 식물의 특징 소개, 부모와의 교감 명상, 자연물 빙고 놀이

9) 명상활동

9-1. 우리가 만든 '숲 사랑 명상'
- 숲을 위한 사랑 명상 메시지를 아이들과 함께 지어보고 낭송해 보기

9-2. 숲에게 보내는 편지
- 숲에게 어떤 말과 부탁을 하고 싶은지 글과 그림으로 자유롭게 꾸며보기

9-3. 만약 세상에 숲이 없다면
- 숲이 없다면 어떤 일이 일어날지 토의해 보고 우리와 숲이 함께 더불어 살아가는 존재임을 알기

4. 교육적 효과

1) 자연에 대한 사랑과 존중을 체험하는 기회가 되고 이를 통해 긍정적인 감정과 사고를 가진다.
2) 숲에서의 다양한 활동을 통해 어린이의 긴장을 완화시키고 공간의 협소함과 제약이 주는 불편함으로부터 자유스런 활동을 하게 하여 정서적 안정감을 가지게 된다.
3) 모든 활동에서 주의 집중력이 상당히 높아지며, 다양한 어휘표현과 정서적인 만족감 및 친사회적 성향이 향상된다.

사례 2 숲 · 예술 창의 놀이학교 숲 체험활동(연구소 프로젝트)

아동을 위한 숲 · 예술 · 창의 놀이학교는 지역사회 어린이들을 위한 숲 체험, 예술놀이, 명상놀이를 다양하게 담은 프로그램을 개발하여 어린이들을 위한 놀이 활동을 진행하였다. 숲 체험을 통해 어린이들의 감성지능과 창의성, 창의적 리더십이 향상되었으며 숲 체험활동 과정에서 협력하는 힘이 함양되었다(이소정, 이수경, 2021).

1. 처음 만나는 숲-숲 탐색하기, 숲과 교감하기

처음 만나는 숲을 탐색하고 서로 인사를 나누었다. 친구들과 손을 잡고 나무 둘레를 돌아가며 재미있는 놀이를 만들어 보기도 하고, 숲을 이루고 있는 다양한 요소들을 탐색하는 활동을 하였다. 흙 만져보기, 바닥에 그림 그리기, 솔잎과 흙 관찰하기 등 자연물을 이용한 탐색놀이를 하였다.

처음 마주한 숲의 느낌을 친구들과 함께 나누고, 온몸의 긴장을 완화하고 함께 숲 명상놀이를 하였다. 나무와 교감하기, 친구와 교감하기, 자연에게 반가운 마음 전하기 등 숲과 친해지는 명상놀이를 한 후, 앞으로 우리가 숲에서 체험활동을 할 때 지켜야 할 약속에 대해 정해보았다.

숲과 함께하기 위한 우리들의 약속: 1. 숲을 사랑해요. 2. 자연을 보호해요. 3. 안전하게 숲놀이를 해요. 4. 배려하는 마음을 가져요. 5. 행복하게 놀이해요.

2. 자연물을 이용한 대지미술놀이

자연물을 이용하여 나만의 대지미술을 구성하였다. 바닥에 떨어진 나뭇잎을 수집하여 내가 그리고 싶은 그림으로 표현해 보기도 하고, 나뭇잎을 나무껍질 틈새에 끼워 예술적 표현을 해보기도 하고, 도토리를 수집하여 나뭇가지를 끼워 재미있는 표현해 보기도 하였다. 모든 어린이들이 대지미술을 구성한 후, 작은 미술관이 되어 다른 친구들을 초대하여 설명해 주었다. 자신의 작품을 설명할 때 뿌듯해하는 것을 발견할 수 있었으며 서로 칭찬해 주는 모습 또한 볼 수 있었다.

3. 자연물로 다양한 조형물 구성하기

어린이들은 숲 체험활동을 통해 숲에 살고 있는 다양한 곤충들을 발견하였으며, 곤충들은 밤이 되면 어디에서 어떻게 잠을 자는지, 또 어디에서 놀이를 하는지에 대해 궁금증을 가지게 되었다. 그리하여 토론을 하여 곤충들을 위한 놀이터와 쉽터를 만들어 주기로 하였다. 곤충들이 자기보다 더 힘센 동물들로부터 몸을 보호하고 친구들과 재미있게 놀 수 있도록 배려하는 마음이 가득한 놀이터로 구성하였다. 쉼터를 구성할 때에는 큰 나무가 필요하다며 여러 명의 친구들이 힘을 모아 쓰러진 나무와 나뭇가지를 옮기며 협동의 힘을 경험하기도 하였다. 곤충들의 놀이터에는 곤충들이 피로를 풀 찜질방, 재미있는 놀이가 가득한 공간, 곤충들의 수영장, 예쁜 마스코트 등 다양한 이야기가 있는 공간들이 가득하였다.

놀이터를 구성하고 난 후, 어린이들은 숲에 오르기 전 놀이터에서 곤충들이 많이 놀다 갔는지 궁금해하였으며, 빨리 올라가서 확인해 보고 싶어 하였다. 또 놀이터가 약간씩 흐트러져 있으면 정말 곤충들이 다녀간 거라며 기뻐하였다.

4. 숲 놀이와 함께하는 예술활동

찰흙놀이를 숲에서 해보고 싶다고 하여 찰흙을 들고 숲으로 향하였다. 숲에서 찰흙을 반죽하고 자연물과 함께 작품을 구성하니 훨씬 풍부한 이야기를 담을 수 있어서 어린이들이 재미있어하였다. 자연물과 찰흙이 잘 어울린다며 즐겁게 작품활동을 하였다. 우리들이 만든 작품은 자연 속 미술관을 만들어 그곳에 전시하였다. 또 지나가는 등산객들이 우리들의 작품을 감상할 수 있도록 안내판도 만들었으며 감상할 때 주의해야 할 부분에 대해서도 남겨두었다.

5. 비 오는 날 자연을 느끼며 산책하기

비 오는 날 숲으로 나가 산책을 하며 어린이들은 다양한 재미있는 경험들을 하였다. 비를 맞으며 움직이는 곤충들을 탐색하고 빗소리를 들으면서 숲을 걸어보고 우비를 입은 친구들은 그냥 온몸으로 비를 느껴보기도 하였다. 맑은 날 숲을 걷는 느낌이랑 비 올 때 걷는 느낌이 다르다며 신기해하기도 하고 자신이 느낀 점을 친구들과 함께 나누었다. 다음에 또 비 오는 날 산책하고 싶다고 하여 꼭 하기로 약속하였다.

제2장 내 마음의 빛을 찾아 떠나는 여행! "어린이 명상놀이"

1. 명상의 개념 및 교육적 의미

명상이란 마음을 고요히 하고 하나로 집중하는 것으로 자기 내면을 깊고 맑게 바라보는 것이며, 마음을 닦는 것, 참된 자아를 찾는 것, 몸과 마음의 현상적 본질을 있는 그대로 보는 것을 의미한다.

최근 명상에 대한 관심이 높아지고, 명상에 대한 생리적, 심리적 현상에 대한 연구가 많아지면서 명상의 중요성 및 필요성에 대한 요구가 많아지고 있는 추세이다. 이는 급속도로 발전하는 과학문명 속에서 인간성 상실과 생태계 파괴와 같은 위기감으로 명상에 대한 필요성을 실감하고 있다고 볼 수 있다.

명상에 관련된 선행연구에 의하면, 실제 명상을 실시했을 때 불안, 우울, 스트레스, 공격성 등이 점점 줄어들고 기쁨, 행복, 평온함, 희망적인 긍정적인 정서발달이 향상됨을 볼 수 있다. 또한 명상은 자기조절력 및 긍정적인 자아개념 및 창의적 표현력 향상에 도움을 주는 것으로 나타났다.

오래전부터 동양에서 기원한 철학이나 종교, 특히 불교에서는 삶의 고통에서 벗어나 참자유를 얻기 위해 마음을 정화시키는 방법으로 몸과 마음에서 일어나는 일을 있는 그대로 알아차리는 명상법을 중요시하였고, 이러한 알아차림 명상은 마음을 정화시키는 가장 확실한 방법이라고 생각하였다. 명상이란 어떤 형식이나 과정을 통해 실천하는, 일차적으로 의식을 어느 하나의 대상에 집중하는 훈련을 통해(집중명상)

점차로 삶 전반에 마음을 고요히 챙겨가며, 궁극적으로 내적 평온함이 극대화되어 진정한 자기를 만나는 최고의 경지에 이르도록 하는 정신 수련법이다.

이와 같이 명상이란 마음을 고요히 가라앉히고 호흡이나 의식을 하나로 집중하는 것으로, 몸과 마음에서 일어나는 생각, 감정, 감각을 있는 그대로 알아차리고 마음의 평정 상태를 유지하는 것을 의미한다. 즉 산란한 마음을 고요히 하고 호흡과 의식의 집중을 통해 마음의 평정심을 유지하면서 평화로움을 찾아가는 것이며, 참된 자아를 찾는 정신적 정화의 과정이라고 할 수 있다.

이러한 명상은 마음의 부정적인 속성을 정화시키고, 긍정적인 자질을 증진하면서 마음을 올바르게 수련시킨다고 할 수 있다. 달라이라마(1998: 203-272)는 그의 저서, "달라이라마의 행복론"에서 다음과 같은 내용을 제시하였다. 우리의 긍정적인 마음이 부정적인 성향이나 망상에 사로잡힌 마음을 바로잡는 수단이 될 수 있다고 보았다.

즉 불교의 수행에서는 인내, 관용, 친절과 같은 긍정적인 마음을 키우는 것이 분노, 증오, 애착 같은 부정적인 마음을 변화시키는 교정수단이 될 수 있다고 본다. 즉, 사랑과 자비심 같은 교정수단을 이용하면 정신적, 감정적인 고통을 크게 줄일 수 있다는 것이다. 고통을 주는 감정인 애착이나 증오는 무지에 뿌리를 두고 있다. 무지란 현실에 대한 잘못된 인식이며, 모든 부정적인 성향에서 벗어나려면 무지를 깨달아야 한다는 것, 그것이 바로 지혜라고 보았다.

지혜는 현상의 참된 본질을 보는 것이다. 달라이라마는 마음의 본질은 순수하다고 보며, 순수한 마음의 본성을 불성이라고 보았다. 따라서 부정적인 감정은 본성의 본질적인 부분이 아니기 때문에 그것을 몰아내고 마음을 맑게 하는 일이 가능하다고 보았다. 즉 마음의 고통과 부정적인 감정은 궁극적으로 없앨 수 있으며, 그것은 의식적으로 사랑, 자비심, 용서 같은 긍정적인 힘을 키우고 명상과 같은 다양한 수행을 통해 이루어지는 일이라고 보았다. 즉 마음의 본바탕은 순수하며, 우리에겐 부정적인 생각들을 완전히 없애버릴 힘이 있다는 것을 강조하였다.

고통스런 마음상태는 진흙탕 물과 같이 불순물이 섞인 상태이며, 물의 순수한 본질이 드러나도록 하기 위해 불순물을 제거할 수 있다는 것이다.

즉, 생각을 긍정적으로 바꿈으로써 감정을 변화시키고, 부정적인 생각들을 없앨 수 있다는 과학적인 사실은 달라이라마의 사상을 뒷받침한다. 그의 가르침은 긍정적인 마음이라는 교정수단을 이용해 부정적인 마음을 바로잡을 수 있다는 것이다.

최근에는 이러한 새로운 생각을 발전시킴으로써, 즉 자비명상을 통해서 뇌의 구조와 기능을 변화시킬 수 있다는 과학적인 결과까지 나왔다. 즉, 명상과 같은 수련, 마음의 수행을 통해 행복에 이를 수 있다는 것이다. 달라이라마(1998)는 내적인 수행은 분노, 증오, 탐욕 같은 부정적인 마음의 상태를 약화시키고, 친절, 자비, 관용 같은 긍정적인 마음을 키우는 것이라고 하였다. 그는 또 행복한 삶은 평화롭고 안정한 마음의 바탕 위에서 이루어진다는 것을 강조하며, 마음의 안정과 평화를 찾기 위한 수행방법으로 명상을 제시하였다.

이와 같이 명상은 긍정적인 마음을 키워 마음의 안정과 평화를 찾아 행복으로 이끌어주는 방법을 제시해 줄 뿐 아니라 민감한 감수성을 길러주어 내가 누구인지, 자아가 외부의 상황에 어떻게 반응하고 있는지 알아차리는 과정으로 환경의 자극이나 현상적 자아에서 벗어나 순수한 마음의 본성(불성)을 발견하고, 이는 자연의 이치와 연관됨을 경험하게 한다.

이러한 경험은 자신의 생각이나 욕구에 사로잡히지 않고 자기 자신과 다른 사람 그리고 주위의 자연과 사물을 있는 그대로 순수하게 보고 듣고 알아차릴 수 있게 하는 데 도움을 준다. 또한 명상을 통해 우리들의 본성은 우주 만물과의 상호연관성을 가지고 있음을 알아차리고, 주의 깊게 몰입하고 민감성으로 자신의 내면의 소리에 귀 기울이면서 순수한 마음인 불성에 접근할 수 있다고 하겠다.

어린이를 위한 명상활동은 어른들을 위한 정적인 명상과는 달리 어린이의 흥미와 발달에 적합하게 감각적인 체험과 창의적인 움직임에 중점을 두어 계획되는 편이 바람직하다. 즉 명상시간을 따로 정해서 가만히 앉아서 하는 정적인 명상보다는 일상생활 속에서 유아의 발달특성과 흥미에 알맞게 놀이처럼 즐겁게 체험할 수 있는 명상놀이로 실시할 수 있다.

예를 들면 그림 그리기나 만들기 등의 미술표현활동이나 자연물과 작품을 감상하고 탐색하는 감상활동, 창의적인 몸동작, 즉흥적인 극놀이, 동화나 음악 듣고 느낌 나누기 등의 예술 활동에 명상활동을 놀이처럼 자연스럽고 가볍게 실시하는 다양한 명상놀이로 실시할 수 있다.

이러한 명상활동은 감각기관을 민감하게 하고 정서적 안정감을 가져다준다. 정서적 안정감과 민감한 감각작용은 유아의 창의적인 잠재력을 드러나게 하며, 창작활동에서 보다 독특하고 창의적으로 표현하는 능력을 일깨워 줄 수 있다. 이외에도 일상생활 속에서 수시로 실시할 수 있는 명상은 아동의 생명존중의식을 길러주며, 세계의 모든 사람과 자연은 모두 상생해야 하는 존재임을 인식하는 지혜를 일깨워 주는 데 도움을 줄 수 있다(이수경, 2009, 2016).

2. 창의성과 창의적 표현력

1) 창의성의 개념

창의성이란 흔히, 어떤 목적을 이루기 위해 적합한 아이디어를 산출하여 새로운 가치를 창조하는 능력과 그 바탕이 되는 인격 특성을 말한다. '새롭다'라는 개념이 포함되어있는 창의성은 비범한 발견이나 천재적 사고만을 의미하는 것이 아니라 개인에 있어서 자기표현, 자기 실천의 욕구에서 출발하는 새로운 상상력 경험이라고 할 수 있다. 이와 같이 창의성이란 일반적으로 사물을 새롭게 바라보는 능력으로 관습적인 틀을 깨고 주어진 정보 이상을 생각하며 독특한 것을 산출하고 서로 다른 것을 결합하여 새로운 것을 만들어 내는 특성으로 정의할 수 있다(Schirrmacher, 2006).

Torrance(1964)는 창의성을 문제를 민감하게 감지하고, 가설과 생각을 설명하고 결과들과 소통하는 과정으로 보고, 창의적 활동이란 문제점을 정확히 파악하고, 이를 해결하기 위하여 추측하고, 가설을 세우며, 검증하고, 수정하며 최종적으로 그 결과를 전달하려는 과정으로, 유창성, 융통성, 독창성, 상상력을 통합하는 반응을 창의적인 것으로 보았다.

창의성을 지적 특성으로 이해하고, 창조적 사고 요인으로 구성된다고 생각하는 Gilford(1952)는 창의성을 요인 분석한 결과, 창의적 사고는 아래와 같은 특성으로 구성된다고 하였다.

- 문제에 대한 감수성(sensitivity to problems)
- 사고의 유창성(fluency in thinking)
- 사고의 융통성(flexibility in thinking)
- 사고의 독창성(originality in thinking)
- 사고의 정교성(elaboration in thinking)

어린이들의 창의성은 "어떤 것을, 무엇인가를 하는 방식"으로 볼 수 있다. 즉 창의성은 특별하고 남과 다른 방식으로 세상을 바라보는 것이며, 다양한 가능성을 찾아 문제해결하는 과정, 방식으로 볼 수 있다. 이러한 창의성은 인간이 지닌 감정, 느낌이나 생각을 밖으로 표현하는 과정에서 길러질 수 있다.

모든 어린이들은 창의성을 가지고 태어나지만 이를 연습하거나 나타내려고 노력하지 않고, 주위에서 창의적으로 표현할 수 있도록 격려받지 않으면 잠재된 능력으로 머물러 버린다.

즉, 창의적인 능력은 지능처럼 모든 사람들이 어느 정도의 수준의 능력을 갖고 태어나지만, 계속적인 연습과 노력에 의해서만 개발될 수 있다. 즉 창의적인 능력을 향상시 키려면 격려받고 연습할 수 있는 경험이 필요하다고 본다. 즉 창의성을 향상시켜 줄 수 있는 발상적인 표현활동을 통해 창의성을 개발할 수 있다.

Torrance(1973)는 유아의 창의성이 4세~4세 6개월 사이에 절정에 달하다가 점점 감퇴되는 현상은 학교기관에 입학하면서 학업에 대한 스트레스에서 일어나는 일시적인 반응이며, 선천적인 반응은 아니라고 보았다. 즉 창의적인 능력을 길러줄 수 있는 환경, 즉 부모나 교사의 격려, 조건과 연습 등에 의해 창의성은 일시적인 감퇴현상에 머무르지 않고 계속적으로 발전·향상될 수 있다고 보았다.

그러므로 창의성과 창의적 표현력 향상을 위하여 다양한 교수방법이 연구되어야 한다. Barnes(1987)는 표현주제나 표현대상에 대한 직접적인 체험을 통하여 인식수준이 향상되고, 다양한 감각적 경험을 통한 탐색활동이 풍부할수록 창의적 표현이 향상된다고 보았다. 즉, 창의적인 자기표현을 실현할 수 있는 다양한 예술장르의 표현경험이 실시될 때 길러질 수 있다고 할 수 있다(이부미, 이수경, 2006).

어린이들은 시각적 표상활동을 시도하는 다양한 예술표현방법을 탐색하면서 자신의 경험에 새로운 정보를 구축해 간다. 그러므로 유아들이 창의적으로 표현할 수 있도록 이끌어 주는 교수방법으로 오감각을 활용한 감각활동을 다양하게 하도록 하며, 이를 표현할 수 있도록 지도할 수 있다. 또는 다양한 감각적 상호작용을 통해 유아가 사물을 민감하게 느낄 수 있도록 유도하고, 이를 표현활동으로 확장할 수 있다(이수경, 2005).

2) 어린이 창의성과 창의적 표현을 향상시킬 수 있는 교수전략

어린이의 창의성 및 창의적 표현을 향상시킬 수 있는 교수전략은 다음과 같다.

- 창의성의 기저를 이루는 주요 요소 문제에 대한 감수성, 유창성, 융통성, 독창성, 정교성 등을 골고루 자극하도록 한다.
- 창의성 교육에 대한 의지와 신념을 가지고, 창의적 사고력이 높은 교사일수록 어린이의 창의성과 창의적 표현력 증진에 기여할 수 있다. 즉 창의적인 교사는 어린이의 창의적인 표현력을 민감하게 발견하고 격려해 줄 수 있다.
- 어린이의 생각, 느낌, 감정이 수용되는 개방적이고 허용적인 분위기를 제공함으로써 유아의 창의성과 창의적 표현력을 향상시킬 수 있다.
- 창의적 사고와 활동을 자극할 수 있도록 물리적 환경을 마련해 주어, 탐구하고 다양한 탐색과 시행착오를 경험하도록 한다.
- 탐구학습과 발견학습의 원리인 비지시적, 개방적 학습방법을 적용한다.
- 어린이의 창의적 표현력을 높이기 위하여 확산적 사고를 자극하는 질문을 사용한다.
- 동기유발과 긍정적인 보상을 사용한다.

Torrance(1973)는 아동의 창의적 행동을 보상해주는 것으로 다음과 같이 다섯 가지 원칙을 제시하였다.

- 엉뚱한 질문을 존중해준다.
- 상상적, 창의적 아이디어를 존중해준다.
- 어린이로 하여금 교사가 그들의 아이디어를 가치 있다고 생각한다는 느낌을 갖도록 해준다.
- 결과에 대한 평가의 두려움 없이 실행해 볼 수 있는 분위기를 제공한다.
- 평가는 원인과 결과를 함께 고려하여야 한다.

어린이 창의성 교육에서는 주로 유아가 느낀 것, 생각하는 것, 경험하는 것 등을 음악이나 율동, 극놀이와 그림으로 그리거나, 형태로 나타내는 등의 표현 활동을 중심으로 하여 실시된다. 즉, 법칙이나 개념 등을 기억·이해시키는 지적 학습 중심의 다른 교과목과는 달리 자유로운 자기표현을 통하여 창의성을 향상시키는 것을 근본으로 하고 있다. 창의성은 인간 개개인에 내재하는 여러 가지의 재미있는 상상, 사고, 느낌 등을 밖으로 표출함으로써 드러날 수가 있다. 수동적이며 인지 중심인 다른 학습보다는 능동적으로 자신의 생각이나 느낌, 감정을 표현하는 표현활동을 통하여 창의성은 자연스럽게 길러질 수 있을 것이다.

그러나 이러한 창의성은 단시간 내에 길러질 수 있는 것이 아님을 잘 인식하여야 한다. 어떠한 문제나 상황에 부딪쳤을 때, 그 문제의 성격을 잘 파악하고 그것을 성공적으로 해결하도록 노력하는 가운데 창의성은 길러지고, 이러한 능력은 서서히 점차적으로 발전되는 것이다. 이에 유아들은 유치원에서 장기 계획하에 사려 깊게 실시하는 미술이나 음악, 율동, 드라마 등 다양한 장르의 표현활동 및 자유롭고 능동적인 놀이를 통하여 바람직하고 창의적인 인간으로서의 기초를 쌓을 수 있을 것이다.

3. 명상과 어린이 인성 및 창의성

많은 철학자・교육학자들은 아이들의 영적인 능력을 중요하게 다루었고, 어린이는 뛰어난 영적인 특성을 지닌 존재로, 많은 가능성을 발현할 수 있는 중요한 시기로 보았다. 자연에 대한 경이로움, 주변 사물에 대한 끊임없는 호기심과 탐구하려는 태도, 자연과 사람, 사물과의 관계를 형성하는 어린이의 순수하고 독특한 특성에서 아동의 영적인 남다름을 발견할 수 있다.

오쇼라즈니쉬(1998)는 아이들은 오염되지 않은 존재이기 때문에 아주 쉽게 명상을 배울 수 있으며, 아이들과 서로 존중하면서 함께 춤추고, 노래하고 침묵한다면 아이들은 명상을 놀이로 즐기기 시작한다고 보았다. 모든 아이들은 가슴속에 경외감과 놀라움과 위대한 호기심을 갖고 있으므로 아이 안에 있는 신비한 힘을 자유롭게 풀어주어야 하며, 명상은 아이 속에 있는 신비한 힘을 해방시킨다고 한다.

칙센트미하이(2004)는 행복한 삶을 위하여 완벽한 심리적 몰입을 주장하였다. 즉 창작활동에 깊게 몰입하여 시간의 흐름이나 공간, 자신에 대한 생각까지도 잊고 몰입하게 되는 심리적 상태에서 개인이 가지고 있는 잠재능력을 구현할 수 있으며, 이는 행복과 창의성을 가져온다고 보았다.

그림을 그리거나 무엇을 만들거나 등의 미술표현활동에 명상을 실시하는 것은 창의적인 표현에 몰입하도록 한다. 미술활동과 연계된 명상놀이는 유아에게 미술활동의 즐거움과 창의적인 자기 표현력을 향상시켜 주며 몰입하도록 한다. 그러므로 미술활동을 보다 창의적으로 실시하기 위하여 명상놀이를 미술활동에 함께 실시한다면 미술활동이 지닌 교육적 목적을 높일 수 있다. 명상은 깨어있는 상태를 의미하며, 신체적 심리적 반응에 깊이 몰입하게 하며, 세심하고 자신을 자각하는 상태를 유지하게 한다.

즉 명상은 정신을 자유롭게 하며 통찰력을 길러 자기의 생각을 알아차리고 자신을 발견하게 한다.

민감하게 관찰하고, 깊이 주의집중하는 경험을 통해 아이들은 사람과 자연이 서로 연결되며 상호의존하는 관계임을 알아차린다. 또한 명상은 나와 대상을 있는 그대로 지켜봄으로써 감정을 조절해 가며 불쾌, 초조, 불안 등의 부정적인 정서의 에너지를 평온한 긍정적인 정서로 바꾸면서 창조적, 생산적인 창작의 에너지로 전환시킨다.

이와 같이 명상놀이 속에서 아이들은 걱정, 불안한 정서에서 평온한 상태로 되돌아갈 수 있으며, 평상심을 찾았을 때 창의성이 발현된다. 즉 창의적인 특성이 뛰어난 사람들의 특성으로 정서적으로 안정적이며 융통성이 뛰어나고 다양한 사고와 새로운 것을 실험하려는 호기심이 많은 특성을 볼 수 있다.

선행연구에 의하면 명상이 진행되면서 이완상태와 동시에 창의성과 같은 심리적 기능이 두드러진다는 사실을 시사한다. 또한 명상 중에 창의성이나 직관력이 증가되는 현상이 나타나는데, 처음 명상에 들어가면 직관적, 통합적, 총체적 기능이 우세한 우반구 기능이 활성화되어 신비적, 심미적, 창의적 또는 감각적 의식기능이 두드러진다고 하였다(장현갑, 2004).

이와 같이 명상과 뇌파 관련연구에서 살펴보면, 4종류의 뇌파 유형(베타, 알파, 세타, 델타)에서 베타파는 정상적 인지기능이나 불안과 관련 있는 정서상태의 뇌파이고 알파파는 이완상태에서 나타나는 뇌파로 쾌적하고 편안한 상태와 관련이 있다. 세타파는 베타파보다 두 배에서 네 배 정도 더 느리며 각성과 수면 사이에 있는 명상상태를 반영한다고 하였다. 흔히 세타파를 경험할 때 사람들은 선의식상태에서 정보에 접근하며, 깊은 개인적 통찰을 경험하기도 하며, 창의적인 생각이나 창의적인 문제해결력이 솟아오른다고 발표하였다. 즉, 명상 동안 나타나는 특정 뇌파가 세타파이며, 이는 명상하는 동안만 나타나는 뇌파가 아니고, 하루 중에 여러 순간 나타날 수도 있다. 대체로 명상을 오랫동안 수련하면 할수록 마음대로 세타파를 파생시킬 수 있다고 하였다(Khalsa, 2001; 장현갑, 2009).

즉 명상이 주는 심리적인 안정감은 창의적인 표현을 증진하고, 창의성의 향상을 높인다고 할 수 있다. 명상놀이를 통해 아이들의 걱정과 불안이 자연스럽게 해소되고, 평정심과 안정감을 얻게 되는데, 이때 창의성은 가장 잘 발현될 수 있다. 즉 자기 감정이나 생각에만 얽매이지 않고 자유롭게 벗어날 수 있으며, 세상의 모든 사물의 상호 의존성을 발견하고, 연관되어 있다는 것을 인식하게 된다. 그러므로 아이들은 명상놀이를 통해 모든 사물과 자연물들의 아름다움을 있는 그대로 바라보는 미적 체험을 하게 될 뿐 아니라 자신이 지닌 창의성과 창의적 표현능력도 향상시킬 수 있다.

이외에도 선행연구에서 명상은 스트레스의 좋은 해독법이라는 것을 밝혔다. 이수경(2006, 2009)은 숲 · 자연 명상놀이가 어린이 인성과 창의성 교육에 긍정적인 효과가 있음을 밝혔으며, 민숙영(2004)은 명상을 활용한 인성교육 프로그램이 중학생의 정서와 스트레스에 긍정적인 효과가 있음을 밝혔고, 최민수와 정진순(2005)은 유아교육기관에서의 명상활동이 유아의 스트레스 해소에 도움을 준다고 하였다. 또한 여러 연구들은 명상활동이 정서발달과 인성교육, 아동의 자아존중감 향상 및 불안감 감소 및 자기 효능감에도 긍정적인 효과가 있음을 밝혔다(김지현, 2004; 박수원, 2005; 이원경, 2002; 김연희, 2004).

또한 미술 수업 동기유발을 위한 연구에서 명상을 활용한 사례(선대규, 2003) 및 생태미술활동을 위한 명상프로그램이 유아의 창의적 표현력을 향상시킨다는 연구(이수경, 2005; 박민지, 2006) 등이 있다.

4. 교사교육

명상놀이 지도 시 교사가 유의해야 할 사항은 다음과 같다.

- 교사는 매일 일정한 시간(30분 정도) 마음을 차분하게 하는 명상을 스스로 체험하도록 한다.
- 이때 교사는 이 세상에 존재하는 모든 것은 서로 연결되어 있음을 알고, 더불어 잘 살아가기 위해 함께 살아가는 모든 생명체들을 소중히 여기며, 감사함과 관심을 가지고 자비심을 갖도록 한다. 또한 하루 일과 속에 아동들과 함께 명상의 시간을 갖도록 계획하며, 생활주제와 어린이들이 흥미를 보이는 사물이나 사건에 관련된 명상놀이를 체험하도록 하며, 이를 미술 등의 표상활동으로 연계시키도록 한다.
- 명상놀이를 하면서 교사는 아주 편안한 음성으로 천천히 말하도록 하며 어린이들의 명상활동이 서서히 심화될 수 있도록 기다리는 마음을 갖도록 한다.

5. 명상과 연계된 미술활동의 내용

〈표 2-1〉 명상과 연계한 미술활동의 내용

<table>
<tr><th>명상지도 내용
(시간: 5~10분)</th><th>회수</th><th>프로그램명</th><th>명상과 연계된 미술 활동(시간: 40~50분)</th></tr>
<tr><td rowspan="6">1단계: (이완명상) 간단한 요가동작을 하면서 몸의 각 부분을 느끼면서 긴장을 이완시킨다.
↓
2단계: (호흡명상) 자연스럽게 숨을 깊이 들이쉬고 내쉬면서 호흡하기
• 숨을 들이쉬면서 사랑, 평화의 에너지를 들이쉬고, 숨을 내쉬면서 슬픔, 화, 짜증, 미움 등의 부정적인 느낌을 코를 통해 밖으로 내보내게 한다.
↓
3단계: (집중명상) 자연스럽게 호흡하면서 신체 한 부분(윗입술 부분)에 주의를 집중한다.
↓</td><td>1주</td><td>나무 명상</td><td>• 자신의 나무를 정하고 나무를 꼭 안아주고 손으로 어루만지면서 촉감을 느끼고, 향기를 맡으면서 나무와 교감하는 시간을 갖는다.
• 나무를 세심하게 오랫동안 관찰하고 나무에 대한 감사함과 사랑을 표현하면서 나무와 이야기 나눈 다음 나무를 그림으로 표현한다.
• 표현된 나무 그림을 감상한 후 자비명상을 한다.</td></tr>
<tr><td>2주</td><td>꽃 명상</td><td>• 꽃의 색깔, 모양, 꽃술들을 깊이 관찰하고 향기를 맡으면서 꽃에 대한 감사, 사랑을 나타내고 꽃을 그림으로 표현한다.
• 표현된 꽃 그림을 감상한 후 자비명상을 한다.</td></tr>
<tr><td>3주</td><td>잔디 명상</td><td>• 잔디를 손으로 만져보고 맨발로 걸어보면서 촉각을 느껴 보고, 잔디의 모양, 색깔을 자세히 살펴보고 느낌을 그림으로 표현하고, 잔디에게 고마움을 보낸다.
• 표현한 잔디 그림을 감상 후 자비명상을 한다.</td></tr>
<tr><td>4주</td><td>열매 명상</td><td>• 뒷산에서 발견한 나무열매들을 잘 관찰하면서 열매의 모양, 색깔, 촉감 등을 느껴본다.
• 열매의 특징에 대해 말해보고 고마움과 사랑을 보낸다. 열매로 여러 가지 모양 꾸미기, 열매에 대한 느낌을 그림으로 그려 본다.
• 작품 감상 후 자비명상을 한다.</td></tr>
<tr><td>5주</td><td>작은 동물 명상</td><td>• 뒷산에 살고 있는 개미, 무당벌레, 거미 등을 찾아보고, 잘 관찰하면서 특징을 살려 그림을 그린다. 모든 생물에게 따뜻한 사랑과 자비를 보내는 자비명상을 한다.</td></tr>
<tr><td>6주</td><td>바람 춤 명상</td><td>• 바람 소리를 잘 들어보고, 바람에 따라 움직이는 나뭇잎, 나뭇가지 등을 관찰한다. 바람 소리를 흉내 내어 보고 바람에 따라 움직이는 나뭇가지처럼 바람 춤을 추어본다. 바람에게 고마운 마음을 그림으로 표현해 본다.
• 작품 감상 후 자비명상을 한다.</td></tr>
</table>

<table>
<tr><th>명상지도 내용
(시간: 5~10분)</th><th>회수</th><th>프로그램명</th><th>명상과 연계된 미술 활동(시간: 40~50분)</th></tr>
<tr><td rowspan="4">4단계: (자비명상) 따뜻한 자비심 키우기
• 우리의 마음을 바르고 지혜롭게 하며, 스스로를 사랑하고 살아 있는 모든 생명에게 자비를 보내는 명상을 하도록 한다.
↓
5단계: 창조적인 표현하기
명상 이후에 창조적인 미술표현활동으로 유도한다.</td><td>7주</td><td>새 노래 명상</td><td>• 새소리를 잘 들어 보고, 느낌을 이야기 나누고 새소리를 흉내 내어 본다. 어미 새와 새끼 새처럼 움직여보고 소리 내어 본다. 새들에게 고마움과 사랑을 보낸다. 새들을 관찰하거나 상상하여 그림을 그려본다.
• 그림 감상 후 자비명상을 한다.</td></tr>
<tr><td>8주</td><td>하늘나라
명상</td><td>• 하늘을 쳐다보고, 하늘에 있는 구름 모양, 하늘색의 변화 등을 잘 관찰하면서 각자 자신의 마음을 하늘에 그려 보도록 한다. 하늘에 사는 모든 생명에게 고마움과 감사한 마음을 표현하고, 이를 그림으로 그려본다.
• 그림 감상 후 자비명상을 한다.</td></tr>
<tr><td>9주</td><td>낙엽 명상</td><td>• 나뭇잎의 모양, 색깔, 촉감 등을 살펴보고 떨어진 낙엽들의 모습을 흉내 내어 본다. 바람이 불 때 낙엽들이 움직이는 모습을 따라 움직여 보고, 낙엽을 주워 머리 장식물과 옷 장식물을 만들어보고 그림으로 표현한다.
• 작품 감상 후 자비명상을 한다.</td></tr>
<tr><td>10주</td><td>자연물
놀이명상</td><td>• 숲에서 수집한 돌멩이, 나뭇가지, 나뭇잎 열매 등을 이용하여 자연물 특징을 말해보고, 만들고 싶은 모양을 만들어 보도록 한다.
• 자연물에 사랑과 감사함을 보내는 자비명상을 한다.</td></tr>
</table>

사례 1 나무 명상놀이

〈표 2-2〉 나무 명상놀이 진행과정

<table>
<tr><th>제목</th><th colspan="2">나무 명상놀이</th></tr>
<tr><td rowspan="2">진행과정</td><td>1단계:
명상지도</td><td>1단계: (이완명상) 몸을 이완시키기.
2단계: (호흡명상) 숨을 깊이 들이쉬고 내쉬면서 호흡하기.
3단계: (집중명상) 자연스럽게 호흡하면서 신체 한 부분(윗입술 부분)에 주의를 집중하기.
4단계: (자비명상) 따뜻한 자비심 키우기.
5단계: 명상 이후에 창조적인 표현 활동으로 유도한다.</td></tr>
<tr><td>2단계:
미술활동과
함께한 명상놀이</td><td>나무에 대한 느낌과 경험에 대해 이야기 나눈다.
• 나무 하면 생각나는 것을 말하거나 그림으로 그려본다.
• 나무와 관련된 자료 찾아보고(나무에 관한 서적, 숲속 나무 그림이나 사진, 숲속 음악) 함께 이야기 나눈다.
• 숲속 나들이를 통해 숲속에 사는 나무와 여러 가지 생명체에 관해 살펴본다(여러 가지 종류의 나무들, 흙, 바람, 해, 공기, 꽃, 곤충, 열매, 솔방울, 나뭇가지).
- 나무마다 나무껍질, 나뭇잎 모양이 같은 점, 다른 점 발견하기
- 이름 모를 나무들의 특징 관찰하기(이름, 색깔, 향기, 잎 모양, 꽃잎 모양, 가지와 잎사귀 모양, 열매 모양, 열매 색깔 등등)
- 숲과 나무에 함께 사는 곤충이나 동물, 식물 관찰하고 조사하기
• 명상 활동과 그림 그리기(예: 나무 그리기)
- 각자 자신의 나무를 정하고 나무와 마음을 나누는 시간을 갖는다. 먼저 깊은 호흡을 하도록 한다. 들숨을 알아차리고 날숨을 알아차리면서 호흡을 한다.
- 나무를 있는 그대로 보는 놀이를 즐기도록 한다. 가능한 한 넓게 보고, 오랫동안 보고, 깊게 보고, 세심하게 보고, 있는 그대로 보도록 유도한다.
- 나무에게 하고 싶은 이야기를 나누고, 나무가 하는 소리를 들어본다.
- 나무를 껴안고, 나무를 손으로 어루만지면서 촉감을 느끼고, 귀를 기울이고, 향기를 맡으면서 나무와 교감할 수 있는 시간을 갖는다.
- 자연에 대한 애정과 감사의 마음을 기른다.
- 나무를 생각하면서 본 것, 느낀 것을 상상해서 그려보도록 한다.
- 서로의 작품을 감상하면서 각자 생각과 느낌으로 그림 그리기를 실시한다. 느낌에 대해 서로 이야기를 나누며 서로의 작품을 감상한다(이때 비판이나 비평은 삼가고 어린이 그림에 나타난 표현</td></tr>
</table>

<table>
<tr><th>제목</th><th colspan="2">나무 명상놀이</th></tr>
<tr><td rowspan="3"></td><td></td><td>을 있는 그대로 수용해주고 긍정적인 격려를 하도록 한다).</td></tr>
<tr><td>3단계:
심화활동 다양한
미술표상활동</td><td>나무 명상놀이 중에 교사와 어린이의 상호작용에서 또한 어린이들끼리 상호 작용에서 발현된 다양한 미술활동의 주제를 그림으로 그려보게 한다.
- 자연을 아끼는 포스터 그리기 - 나무를 주제로 한 동화나 만화 제작하기 - 나무를 사랑하는 마음을 자연물로 구성하기 - 밤에 나무 숲에서는 어떤 일이 벌어질까요?, 보이지 않는 나무뿌리는 어떤 모습일까요? 협동으로 상상화 그려보기 - 나무 보호 영상물 제작하기 - 나무가 우리에게 주는 선물은 무엇일까에 대해 이야기 나누고 그림으로 표현하기</td></tr>
<tr><td>4단계:
감상 및
자비명상</td><td>• 나무 명상놀이를 하면서 느낀 점에 대해 이야기 나눈다.
• 그동안 표상한 작품들로 전시회를 갖는다.
• 서로의 작품을 감상하는 시간을 갖는다.
• 숲에 사는 모든 생명체에게 감사와 자비를 보낸다(자비관).

자비관
내 마음속에 선한 씨앗이 싹트기를 기원합니다!
내가 고운 말을 하기를 기원합니다!
내가 바른 소리를 들을 수 있기를 기원합니다!
내가 좋은 생각하기를 기원합니다!
내가 행복하게 지내기를 기원합니다.
저의 부모님, 선생님, 친구들 그리고 살아있는 생물이면 어떤 것이나, 보이는 것이나 보이지 않는 것이나, 멀리 사는 것이나 가까이 사는 것이나, 이미 생긴 것이나 생겨날 것이나, 모든 생명들이 행복하기를 기원합니다.
내 마음속 씨앗이 지혜의 꽃을 피우고 자비를 실천하는 어린이로 자라나길 기원합니다.
나의 바른 행동으로 모든 사람이 행복해지기를 기원합니다.
오늘도 지혜롭고 자비의 마음을 실천하는
OO가 되길 기원합니다!</td></tr>
<tr><td>교육적
효과</td><td colspan="2">살아있는 생명체의 소중함을 느끼고, 나무에 대한 고마움을 느끼는 긍정적인 정서발달이 향상되었다. 나무 그림 그리기에서 독창적이며 생동적인 나무의 특징과 창의적인 표현이 다양하게 표현되었고, 미술활동에서 주의집중력이 상당히 높아졌으며, 긍정적인 정서 및 창의적 성향이 향상되는 과정을 관찰할 수 있었다.</td></tr>
</table>

사례 2 명상놀이 진행과정 중에 나타난 아동들의 반응

〈표 2-3〉 명상놀이 진행사례

숲 명상놀이	
교육목표	• 숲 명상놀이 활동을 통해 숲속에 살고 있는 많은 생명체와 교감을 나누며 모든 생명을 사랑하고 배려하는 마음을 갖고, 몸과 마음이 건강한 지혜로운 어린이로 기른다. • 숲 명상놀이는 어린이들의 긍정적인 정서를 길러주고 창의적 표현력을 향상시키며, 창의성을 발현시킬 수 있다.
진행활동	**〈명상에 대한 느낌을 이야기 나누기〉** T: 명상하면 어떤 기분이 들지요? 명상을 하면 좋은 점에 대해 말해볼까요? C1: 몸이 튼튼해지기 위해 명상을 해요. C2: 뒷산에 가서 걷기 명상을 하거나 나무랑 체조를 하면 몸이 건강해지잖아요. C1: 그리고 마음을 차분하게 하기 위해 명상을 해요. C2: 친구와 싸움이 났을 때 명상을 하면 화나는 마음이 없어져요. T: 숲속을 탐색하면서 숲에서 할 수 있는 명상놀이를 찾아보아요. C3: 솔방울이나 나뭇잎으로 여러 가지 놀잇감을 만들 수 있어요. C4: 솔방울과 나뭇잎에게 고맙다고 말하고, 명상을 해요. C5: 만든 놀잇감으로 명상할 수 있어요. C6: 나무와 함께하는 명상놀이를 해요. **〈숲속의 소나무와 할 수 있는 명상놀이〉** C1: 여기 소나무가 가득한 곳이에요. 선생님 소나무랑 인사 나누고 싶어요. C2: 선생님 소나무 안아주고 싶어요. T: 그럼 소나무에게 사랑의 마음을 담아 안아주면 되겠네. 나무 명상놀이를 해볼까요? C3: 나무를 꼭 안아주고 싶어요. 나무랑 명상놀이를 하고 싶어요. - 어린이들은 소나무와 마음 나누기를 하고 나무를 손으로 잘 만져보고, 자세히 바라보면서 나무에게 사랑과 감사함을 전한다. 나무를 잡고 체조도 하고, 나무 아래 앉아서 나무의 기운을 느끼며 잠깐 동안 명상의 시간도 가지고, 코알라나 매미 모양으로 되어 나무에 매달려보고, 주위에 있는 나뭇가지들을 모아서 "새들의 둥지"를 만들어보기도 했다. - 자연물을 모아서 집짓기, 돌탑 쌓기 놀이를 하면서 C4: 마음속의 소원을 말해보아요. - 나뭇잎이나 나뭇가지로 머리 부분이나 옷을 꾸며보면서 C5: 인디언 놀이를 할까? C6: 인디언 머리띠, 나뭇가지 무기, 망토, 인디언 집을 만들자. T: 인디언은 어떻게 춤을 출까요? C1: 아아아~~ 하고 모닥불 주위를 돌 것 같아요. C2: 한쪽 발을 들고 옆으로 움직일 것 같아요.

C3: 우가차카 우가차카 하며 소리를 내어요.
- 인디언들처럼 춤을 추고 정글 춤 놀이가 끝난 후 명상을 하였다. 인디언 명상놀이, 정글 춤 명상놀이를 하고 난 후의 기분과 하고 있는 모습을 연필과 수묵화로 표현해 보았다. 대부분의 어린이들이 즐겁게 그림을 그리면서 다시 해보고 싶다고 말하였고, 그림에서도 창의적인 표현들을 엿볼 수 있었다.
- 숲에서 들리는 소리에 대해 이야기 나누면서 바람 소리에 대해 관심이 모였다.

〈바람 춤 명상 즐기기〉
- 바람 소리를 듣고 바람에 따라 움직이는 나뭇잎을 보면서 나뭇잎처럼 몸을 움직여 보도록 하였다. 어린이들은 바람 소리에 흔들거리는 나뭇잎이 되어 움직이는 모습을 흉내 내면서, 다양한 몸동작을 창작하였고 바람 춤을 추는 놀이를 즐겼다.
- 교실에 들어가서 바람의 소리를 그림과 글로 표현해 보는 활동을 한 후 천과 명상 음악을 이용하여 바람의 움직임을 몸으로 표현해보는 춤 명상놀이를 즐겼다.
- 바람에 대한 상상화를 그려보고, 바람 소리를 그림으로 그려보고, 글로 쓰거나 이야기를 나누었다. 그리고 이전에 그린 그림과 글과 비교하는 시간을 가졌다.
- 뒷산을 주제로 동화 짓기, 새 노래 만들기, 식물도감 만들기 등을 소집단 활동으로 실시하였다.

C1: 우리가 만든 동화로 연극놀이 하자.
C2: 그래, 친구들도 초대하자.

〈뒷산을 소재로 동화를 만들고, 어린이들이 만든 동화내용으로 동극공연하기〉
C1: 숲속에서 만난 자연 친구들 작품으로 전시회를 꾸미자.
C2: 그래, 숲속에서도 작품을 전시할 수 있고, 우리 교실에서도 전시할 수 있어.

〈뒷산 자연물로 만든 미술품 전시하기〉

어린이를 위한 명상활동은 명상지도방법을 기본으로 하면서, 아동기 발달적 특성과 흥미에 적합하며, 가볍고, 즐겁게 놀이할 수 있는 명상놀이로 교육과정에 통합적으로 실시하였다.

감각기관을 민감하게 느끼면서 긍정적인 정서를 길러줄 수 있는 자연물과 마음 나누기 명상, 꽃 이미지 명상, 물 명상, 친구와 마음 나누기 명상, 자기 마음 지켜보는 명상, 차(음식 공양) 명상, 우주만물과 생명과 마음 나누기 명상, 걷기 명상, 텃밭 명상, 요가 명상 등을 실시할 수 있다(이수경, 2006, 2022).

자연과 함께하는 어린이 명상놀이를 살펴보면 다음과 같다.

프로그램(1). 나의 몸을 사랑하기, 긴장 풀기 명상

- 몸의 긴장을 푸는 에너지를 만들기 위한 명상활동으로 몸과 마음을 편안하게 해 주며, 마음의 평화를 가져다 준다. 하루 일과 속에서 자유롭게 실시할 수 있다.

① 온몸 자각하기: 바닥에 편안하게 누운 다음 두 눈을 지그시 감고 두 팔을 몸의 양옆에 편안하게 놓고, 다리를 조금 벌려서 편안하게 놓는다.

② 숨을 들이쉬고 내쉴 때마다 지금 누워 있는 몸 전체를 자각해 보고 바닥에 닿아 있는 부분, 발꿈치와 다리 안쪽과 엉덩이와 등을 자각해 본다.

③ 숨을 내쉴 때마다 몸이 아래로 깊숙이 가라앉아가고 있으며, 긴장과 조심・걱정이 사라지고 아무것도 남아있지 않는다는 것을 자각한다.

④ 숨을 들이쉴 때는 배가 솟아오르는 것을 자각하고, 숨을 내쉴 때는 다시 꺼지는 것을 자각한다.

⑤ 몇 번 배가 솟아올랐다가 꺼지는지를 의식해 본다.

⑥ 다음은 두 발 자각하기를 실시한다.

⑦ 숨을 들이쉬면서 두 발을 자각해 본다. 숨을 내쉬면서 두 발을 편안하게 한다. 숨을 들이쉬면서 두 발 아래 사랑을 보내고 숨을 내쉬면서 두 발 아래 미소를 보낸다. 숨을 들이쉬고 내쉬면서 나에게 두 발이 있다는 것에 감사를 보낸다.

⑧ 이와 같이 두 다리, 두 손, 두 어깨, 심장, 두 눈, 코, 입, 위와 장 등 모든 신체 부위를 자각하면서 감사함을 보낸다.

⑨ 마지막으로 숨을 들이쉬고 내쉬면서 나의 몸 전체에 사랑을 보낸다. 고마움을 느껴본다.

⑩ 우리 몸 어느 곳에 아픈 곳이 있으면 그 부위를 자각하고 사랑을 보낸다.

⑪ 강한 힘과 에너지를 아픈 부위에 보낸다.

⑫ 나의 몸은 스스로 치유할 수 있다는 것을 믿고 사랑을 보낸다.

⑬ 천천히 기지개를 켜고 눈을 뜬다. 그리고 천천히 차분하게 몸을 일으킨다(틱낫한, 2002: 224-231).

⑭ 긴장 풀어주기, 폭포 명상을 실시한다. 폭포 명상 글을 천천히, 차분하게 읽어주면서 이미지를 떠올리고 폭포를 마음으로 느껴보게 한다.

> **긴장 풀어주기(폭포) 명상**
>
> 하얀빛 아름다운 폭포가 여러분에게 쏟아집니다. 폭포는 먼저 여러분의 머리에 긴장을 풀어주기 위해 떨어집니다. 여러분은 여러분의 머리가 시원해지고 편안해짐을 느낍니다. 폭포는 여러분의 목과 어깨로 떨어집니다. 여러분이 목과 어깨가 편안해짐을 느낍니다. 다음 폭포는 여러분의 등으로 떨어집니다. 등의 긴장이 풀어지면서 편안해집니다. 폭포는 계속 여러분의 가슴과 배에 떨어집니다. 여러분의 가슴과 배가 편안하게 느껴집니다. 폭포는 여러분의 다리와 발로 떨어집니다. 여러분은 다리와 발이 편안해짐을 느낍니다. 이 아름다운 하얀빛의 폭포는 다음 여러분의 몸 전체로 떨어집니다.
>
> 여러분은 아주 평화롭고 편안합니다.

프로그램(2). 숲 · 자연명상놀이

- 자연과 마음 나누는 산책 명상, 자연과의 만남, 접촉을 통해 자연의 존귀한 생명력을 관찰하고 이를 온몸으로 느끼고, 경이로움을 체험을 통해 알아차리고, 자연의 모든 존재들과 더불어 살 수 있도록 마음을 나누는 명상이다.

① 우선 주변의 가까운 곳을 둘러보는 것으로 시작할 수 있다(꽃밭, 텃밭, 바깥놀이터, 가까운 뒷산, 숲 등). 가능한 한 매일 지속적으로 같은 장소를 산책함으로써 그 속에 나타난 미세한 변화조차도 알아차리도록 한다.

② 산책을 통해 세심하게 관찰하는 습관을 가지도록 하며, 주변 환경에 대해 민감하게 반응하도록 한다. 산책 초기에는 교사가 먼저 자연에 대한 민감성을 갖고 아이들과 상호작용을 실시해야 하며, 아이들이 자연의 경이로움을 온몸으로 느끼고 자연과 민감하게 교감하고 자연의 생명력을 공유할 수 있는 자연명상을 유도한다.

③ 자연명상이 익숙해지면 아이들은 주변의 환경에 민감해지고 자연의 경이로움을 느끼게 된다. 하루 일과의 변화, 계절의 변화, 살아있는 생명체의 변화 등을 알아차릴 수 있는 깊은 관찰력을 기르며 생태계의 순환적, 상호의존적 관계에 관심을

가지고 모두가 둘이 아닌 하나의 도리로 연관되어 돌아가고 있음을 인식할 수 있도록 이끌어준다.

④ 우리 모두의 본래 마음자리는 우주만물의 생명체와 함께 연결되어 있음을 알아차리고, 우주만물의 생명체와 마음 나누기 시간은 어린이를 지혜롭게 한다.

프로그램(3). 꽃 이미지 명상

① 어린이에게 각자 꽃 가게에 있는 아름다운 꽃이라고 상상해 보게 한다.

② 어떤 종류의 꽃인지, 자신의 꽃잎 색깔을 생각해 보게 한다. 유아들이 모두 아름다운 꽃잎을 느껴보게 한다. 교사는 천천히 편안한 음성으로 다음 글을 읽어주면서 꽃 이미지를 떠올리고 내면화시킬 수 있도록 충분한 시간을 준다.

꽃 이미지 명상

어떤 사람이 이 꽃 가게에 와서 여러분을 사 갑니다. 그리고 여러분은 물이 가득 담긴 아름다운 꽃병에 꽂아놓습니다. 여러분은 물을 빨아들이고, 전보다 더 아름답게 피어납니다. 여러분은 신선하고 향긋한 향기를 뿜어냅니다. 여러분은 꽃병 속에서 여러분을 보는 모든 사람들에게 기쁨과 행복을 주고 있습니다.

하루하루가 지나갑니다. 천천히 꽃잎의 색깔이 시들어 갑니다. 여러분은 더 이상 향긋한 향기를 뿜어내지 못합니다. 여러분의 꽃잎은 힘이 없어지고, 색깔은 희미해집니다. 이제 시들면서 색이 바랩니다.

비록 여러분이 이미 시든 꽃이라고 해도 여러분은 여전히 마음으로 행복합니다. 여러분은 여러분이 중요한 역할을 했음을 알고 있습니다. 여러분의 역할은 사람들로 하여금 우주의 진리, 즉 '모든 것은 변한다'라는 말을 상기시키는 것입니다. 이 세상의 모든 것은 계속해서 변해갑니다. 사람들의 몸 또한 여러분의 꽃잎처럼 변해갑니다. 꽃잎들은 점점 시들다가 사라져갑니다. 따라서 모든 사람들은 이러한 변화를 알고 오늘도 최선을 다해 살아야 합니다.

이외에도 유치원 일상생활 속에서 수시로 실시할 수 있는 다양한 명상 활동은 유아의 생명존중의식을 길러주며, 모든 사람과 사물들이 모두 상생해야 하는 존재임을 인식하고, 지혜를 일깨워 주는 데 도움을 줄 수 있다.

6. 명상활동과 연계된 미술표현활동이 아동의 창의성과 창의적 그림 표현력에 미치는 효과

명상활동과 연계된 미술활동을 실시한 실험집단 어린이의 창의성이 향상됨을 보여주었다. 명상을 실시한 실험집단이 실시하지 않은 통제집단에 비해 어린이의 창의성이 향상되었으며, 하위영역 중 유창성, 독창성, 상상력에서 향상되었다. 이는 명상활동이 어린이의 창의성 발달에 긍정적인 효과를 미친다고 볼 수 있으며 통계적으로 유의미한 차이로 나타났다.

어린이의 흥미와 발달특성에 적절한 명상놀이는 어린이 스트레스 완화에 도움을 주며, 자연스럽게 심신을 이완시켜 억압된 감정을 해소하고 정서적 안정감을 가져오는 데 효과적임이 나타났다. 자연과 함께하는 명상놀이 속에서 아이들은 걱정, 불안한 정서에서 벗어나서 평온한 상태로 되돌아갈 수 있으며, 평상심을 찾았을 때 어린이의 창의성이 가장 잘 발현된다고 할 수 있다. 즉 창의적인 성향이 뛰어난 사람들의 특성으로 정서적으로 안정적이며 융통성이 뛰어나고 다양한 사고와 새로운 것을 실험하려는 호기심이 많은 점 등이 나타난다. 즉 심리적인 안정감은 창의적인 표현을 증진하고, 창의성의 향상을 높인다고 할 수 있다(장현갑, 1996, 2009). 명상놀이를 통해 아이들은 걱정과 불안이 해소되고, 평화와 안정감을 얻게 된다. 즉, 이러한 평정심 속에서 미술 활동을 실시할 때 주의집중력은 높아지고, 활동에 대한 몰입이 깊어지면서 창의성은 가장 잘 발현될 수 있다고 본다. 즉 자기 감정이나 생각에 얽매이지 않고 사물이나 자연을 있는 그대로 지켜보면서 민감한 감수성과 주의집중력은 향상되고 창의적인 성향은 더욱 길러진다고 하겠다. 또한 세상의 모든 사물의 상호의존성을 발견하고, 연관되어 있다는 것을 알아차리게 되며 모든 사물과 자연물들의 아름다움을 있는 그대로 바라보는 미적 체험도 하게 된다. 명상놀이를 통해 어린이들의 감각기관이 민감해지고 주의집중력이 높아지며 자신을 객관적으로 바라볼 수 있는 능력 및 자기 조절력이 점차 길러진 것을 관찰할 수 있었다.

어린이 그림의 창의적 표현력 관찰연구에서 명상과 연계된 미술활동을 실시한 실험집단이 미술활동만 실시한 비교집단에 비해 창의적 표현력 향상이 유의미한 차이가 있는 것으로 나타났다.

미술활동 중의 표현 태도를 살펴보면 명상놀이를 실시한 실험집단 어린이들이 명상놀이를 실시하지 않은 통제집단에 비해 훨씬 망설이지 않고 주관적으로 자신감 있게 표현하며, 열심히 몰입하여 주의집중력이 강화됨을 보였고, 미술활동을 좋아하는 정도가 상당히 높아졌으며 자기 작품을 자신 있게 설명하는 모습이 좋아졌다.

또한 표현대상이 다양하게 나타나며, 보다 자세히 관찰하고 그린 그림들이 많아졌다. 특히 그림 속에 나타난 인물의 움직이는 동작이 자연스럽게 나타났다. 특히 상상력이 풍부하고 인상적인 것을 표현하는 정도가 높아졌음을 관찰할 수 있었다. 또한 독자적인 자기표현이 보다 풍부해지고, 다양한 형태로 화면의 공간처리를 적절히 하며, 다양한 색깔을 자신 있게 사용하는 모습이 보였다.

이와 같이 명상활동은 어린이의 창의성 및 창의적 표현력을 향상시키는 데 긍정적인 효과를 보여주고 있다. 그러므로 아동의 창의성 및 창의적 그림 표현력을 향상시키기 위해서 어린이 흥미와 발달단계에 적합한 명상활동이 실시될 수 있도록 계속적인 연구가 필요하다고 본다(이수경, 2009, 2011).

7. 어린이 명상놀이 프로그램 사례

☞ 숲 놀이와 자연 명상을 하고 난 후 우리들의 느낌을 그림으로 표현하기

- 자연 명상 및 태양 명상
  - 우리들에게 항상 환한 빛을 선물해 주는 태양에게 관심을 가지고 감사한 마음을 전한다.
  - 태양의 도움을 받는 여러 생명들을 알아보고 나 또한 자연의 일부임을 알게 된다.

〈촛불처럼 환한 것에는 어떤 것들이 있을까? - 태양 명상〉

★ 우리들에게 이렇게 환한 빛을 선물해 주는 태양에 대한 고마움을 알기 위해 어린이들과 함께 초 명상을 했어요.

어린이들과 이야기를 나누기 전, 명상을 하면서 초를 관찰하는 시간을 가진다.

C: 아침에 해님이 뜨기 때문에 이렇게 세상이 환해지는 거예요.
T: 그럼 왜 아침이 되면 해님이 뜨게 되는 걸까요?
C1: 음... 지구가 태양 주위를 돌기 때문에 그런 거예요.
C2: 맞아요. 그래서 낮과 밤이 생기는 거예요.
T: 그럼 해님이 세상을 환하게 비추면 어떤 느낌이 들어요?
C: 마음이 편안해져요. 그리고 따뜻해지고 기분이 좋아져요.
C1: 밤이 되면 마음이 조금 차가워지는 것 같아요.
T: 그렇구나. 그렇다면 세상이 환해졌을 때 또 좋아하는 것들이 있을까요?
C2: 식물들도 좋아해요. 해님이 있어야지 식물이 자랄 수 있잖아요.
C3: 식물은 비도 좋아해요.
C: 자연 친구들도 우리처럼 해님이 없으면 힘들어질 것 같아요.
(어린이들은 해님과 관련이 있는 것들에 대해 생각을 해 본 결과 모든 자연 친구들과 사람들이 다 포함된다는 것을 알게 되었다. 그래서 고마움을 주는 태양에게 감사한 마음을 전하기로 하였다.)
C2: 우리들에게 고마움을 많이 주는 해님도 자연이지요?
T: 그럼요~! 모두가 함께 자연이에요.
C2: 그럼 자연은 정말 우리에게 좋은 고마움을 많이 주는 친구인 것 같아요.
자연아 정말로 많이많이 고마워~~.
(어린이들은 마음을 담아 고마움을 전하였다.)

〈촛불의 따스함을 받고 있는 식물들을 관찰하고 나의 마음을 환하게 밝혀 줄 촛불을 하나씩 내 앞에 둔 후, 마음을 전한다.〉

〈우리들이 태양의 에너지를 촛불에게 심어준 다음, 손을 가까이 대어 태양의 에너지 기운을 받았어요.〉

C: 따뜻함이 몸에 가득 전해지고 있어요.
C1: 마음이 따뜻해지고 점점 뜨거워져요.

〈명상을 하고 난 후, 온몸을 풀어주고 있어요.〉

〈태양 명상을 하면서 자연과 우리가 하나임을 알게 되었고, 그 느낌을 친구들과 함께 공동 수묵화로 표현하였다.〉

• 정글 탐험 명상
- 정글을 탐험하면서 소중한 동물 친구를 만나 우정에 대해 알게 된다.
- 친구의 소중함과 친구와의 관계에서 어떤 마음가짐이 필요한지 스스로 느낄 수 있게 된다.

★ 정글탐험대가 되어 동굴을 지나고 징검다리를 지난 후, 우거진 정글을 지나면 우리들을 기다리는 동물 친구들이 있기에 어린이들은 즐겁고 행복하게 탐험을 하였어요.

우리가 도착한 곳은 조그만 마을이에요.

그곳에서 우리 친구들은 눈을 감고 누워서 휴식을 가지기로 했어요.

그런데... 우리 친구들의 눈앞에 동물 친구들이 놀러왔어요. 과연 우리 친구들은 동물 친구들과 무엇을 하며 놀이를 하고 있을까요?

C: 저는 코끼리를 만났어요. 코끼리가 길쭉한 코로 물을 뿜어주어서 같이 목욕을 했어요.

C1: 저는 원숭이를 만나서 나무 타기 놀이를 하고 놀았어요.

C2: 나는 나무 밑에 놀러갔는데 거기서 애벌레를 만났어요. 그래서 친구 하기로 했어요.

C3: 저는 사자를 타고 놀았어요.

T: 무섭지 않았어요?

C3: 하나도 무섭지 않았어요. 사자 등에 올라타서 놀았어요.

C4: 저는 기린을 만나서 우리가 운동회 때 했던 태극기 매스게임을 가르쳐 주고 같이 했어요. 정말 재미있었어요.

C: 우리가 정글 탐험을 하고 왔는데도 촛불은 꺼지지 않고 그대로 있어요.

T: 우리가 너무 소중한 친구에 대해 알게 되어서 촛불도 우리들의 마음처럼 환하게 빛이 나고 있나봐요.

C1: 그럼 우리 마음이랑 초는 똑같은 거네요.

(우정의 소중함을 알게 된 친구들에게 환하게 밝혀진 초를 하나씩 나누어준다.)

C2: 이 촛불을 마음속에 간직해야지.

C3: 나도 마음속에 넣어야겠다.

T: 그럼 환하고 따뜻한 빛을 가진 촛불을 마음속에 넣어볼까요?

C3: 촛불을 마음속에 넣으면 너무 뜨거우니까 따뜻한 차를 먼저 마셔요.

T: 그러도록 할까요? 그러면 차를 먼저 마셔서 마음속을 따뜻하게 데워주도록 하자.

(어린이들은 차를 마시고 친구와의 소중한 우정을 마음속에 간직한 채 촛불을 끄면서 마음속으로 넣었다.)

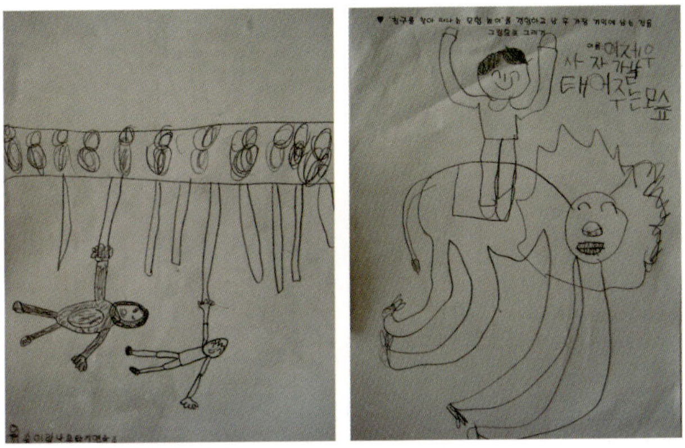

〈명상을 하면서 만난 동물 친구들과의 추억을 그림으로 표현하기〉

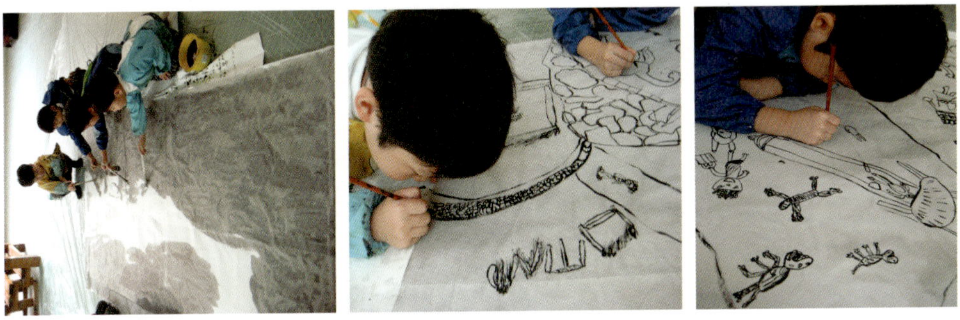

〈우리들이 생각하는 정글 나라를 수묵화로 표현하기〉

☞ 어린이들은 정글 탐험 명상을 통해 느꼈던 것을 토의하여 공동 수묵화를 제작하였다.

C: 정글나라의 인디언들은 밤이 되면 모닥불을 피워놓고 춤을 추면서 파티를 할 것 같아요.

T: 그럼 정글나라를 어떻게 표현하는 것이 좋을까?

C: 일단 밤이니까 어두운 종이에 그림을 그려야 할 것 같아요.

T: 어두운 밤은 어떻게 표현하는 것이 좋을까요?

C1: 먹물로 색칠을 해서 종이를 어둡게 만들면 좋겠어요.
그리고 그 위에 그림을 그리면 돼요.
C2: 좋아요. 그럼 먹물을 준비할게요.
(어린이들은 먹물을 이용하여 종이를 어둡게 칠한 다음, 그 위에 인디언들이 살고 있는 정글나라를 표현하였다.
숲속에는 동물들의 놀이터도 꾸며주었다.)
C: 제가 동물 친구들을 만나기 전에 인디언들은 춤을 추고 있었어요.
C1: 그리고 제가 본 인디언들은 머리에 예쁜 장식을 하였어요.
C2: 대장 인디언은 털옷을 입고 있어요.
(어린이들은 재미있게 명상 속 이야기를 하면서 그림을 완성하였다. 그러던 중 한 어린이가 먹물을 종이에 크게 떨어뜨렸다.)
C: 어! 어떡하지?
C1: 괜찮아. 다른 그림으로 그리면 되지.
C2: 얘들아 이거 뭘로 만들지?
C1: 나한테 좋은 생각이 있어. 새들이 쉴 수 있도록 집을 만들어 주자.
C2: 그래 그러자.
→ 어린이들은 친구의 실수를 탓하기보다는 금방 다른 그림으로 전환하는 모습을 보여주었다.

• 하늘 명상
- 하늘을 보면 어떤 기분이 드는지 내 마음에 집중한다.
- 하늘에서 함께 하고 싶은 놀이를 그림으로 표현할 수 있다.

☞ 하늘 세상과의 만남-하늘과 함께하는 재미있는 놀이

매일매일 살아있는 생명과의 만남을 소중히 여기고 행복해하는 우리 아이들이 이번에는 하늘 세상에 관심을 가졌다.

T: 하늘 세상에서 할 수 있는 재미있는 놀이는 어떤 것이 있을까요?
C: 음... 열기구도 있고, 행글라이더도 탈 수 있어요.
(어린이들은 자신의 생각을 붓으로 표현하며 즐거워하였다.)
C1: 선생님~! 이렇게 손을 잡고 하늘을 날아보면 정말 좋을 것 같아요.
T: 정말 멋진 생각이구나. 그런데 위험하지 않을까?
C1: 괜찮아요. 공기가 도와주고 있어요. 우리가 떨어지지 않도록 공기가 밀어주고 있어요.

C2: 맞아요. 맞아! 그리고 위험할 땐 낙하산을 이용하면 되잖아요.

C3: 또 친구랑 손을 잡고 있기 때문에 하나도 안 무서울 것 같아요. 그치?

C4: 공기의 힘이 서로 달라서 춤을 추는 것처럼 몸이 움직이고 있어요.

(어린이들은 그림을 그리고 대화를 나누면서 눈에 보이지는 않지만 항상 우리에게 도움을 주는 공기의 소중함을 찾아낼 수 있었다.)

• 천마 명상
  - 하늘에 대해 관심을 가지던 중 하늘을 나는 말(천마)에 관심을 가지게 되었고 다양한 방법으로 천마를 표현한다.
  - 천마 이야기를 직접 만들어 본다.

C: 선생님! 저도 천마를 딱 한번만이라도 타 보았으면 좋겠어요.

T: 만약에 천마를 탄다면 어디를 여행하고 싶어요?

C: 저기 높은 하늘 위에서 세상을 바라보고 싶어요.

C1: 저는 구름을 타고 싶어요.

C2: 해님 가까이 가보고 싶어요.

C: 정말 행복할 것 같아요.

T: 맞아요. 어쩌면 천마는 벌써 우리들 가까이에 와 있을지도 몰라요.
우리 초롱이들이 이렇게 천마를 훌륭하게 표현하는 것을 보면 천마는 아마도 우리 친구들의 마음속에 있는 것 같아요.

C2: 신라 장군들은 천마를 타고 싸웠기 때문에 적군들을 물리칠 수 있었어요.

C3: 맞아요. 왜냐하면 천마는 에너지가 넘치거든요.

어린이들은 천마도에 대한 애정이 깊었으며 천마가 담겨 있는 동화 짓는 것을 아주 좋아하였다.

▶ 사랑이 가득한 세상

－태양 명상을 하고 난 후 따뜻한 사랑의 에너지가 가득한 세상 꾸미기

－태양 명상을 하면서 자연과 우리가 하나임을 알게 되었고, 그 느낌을 친구들과 함께 공동 수묵화로 표현하였다. 어린이들은 명상을 하면서 줄곧 떠올랐던 산을 제일 먼저 그리겠다고 하였다.

C: 우리 쌍둥이 산을 그리자.

C1: 그래. 그럼 내가 이쪽에 산을 그리도록 할게.

C: 나는 산 안에 5층 탑과 9층 탑을 그릴 거야. 그리고 태양이 우리들을 지켜보는 모습을 그려야지.

C1: 태양이 자연 친구들을 모두 지켜주는 거야?

C: 응!

C2: 나는 산속에 살고 있는 동물 친구들을 그릴게.

C1: 그래. 나는 말이야. 첨성대와 동물들을 그리고 절 안에 계시는 부처님도 그릴 거야.

(어린이들은 서로 토의를 하면서 작품을 완성하였다.)

C2: 색은 어떻게 칠할까?

C: 그냥 먹물로 색칠하자.

C1: 우리 솜방망이로 칠하자. 내가 만들어 올게.

(어린이들은 먹물의 농도를 조절하여 솜방망이로 바탕색을 칠하였다. 그리고 그림의 내용을 보면서 동시를 지었다.)

"나무는 커가고 연꽃은 톡 터지고 잔디는 자라고 숲은 깊어가고 동물들은 춤춘다. 숲 속 나라는 더욱더 행복해지고..."

C: 깜빡하고 못 그린 게 있어요.

T: 어떤 거예요?

C: 산에서 놀고 있는 우리들의 모습이 없어요. 지금 빨리 그려야겠어요.

C1: 난 산에서 미끄럼 타는 거 그려야지!

(어린이들은 자연의 일부인 우리들의 모습도 잊지 않았다.)

▶ 자화상

-거울을 보고 나의 눈, 코, 입, 귀, 머리카락의 형태 등을 관찰한 후, 나의 얼굴 표현하기

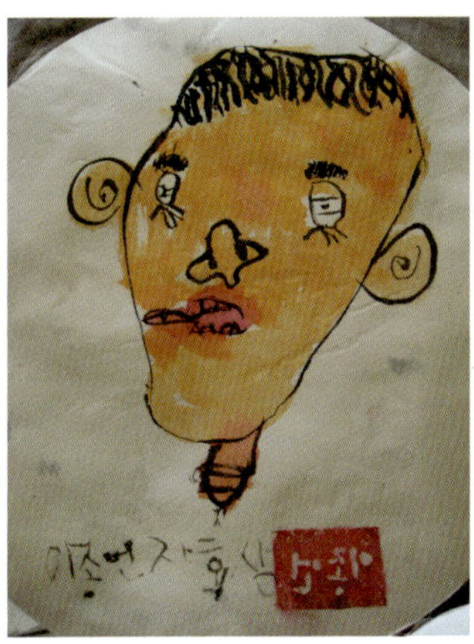

-거울을 보고 자신의 눈, 코, 입, 귀, 머리카락, 이 모양 등 얼굴 속 다양한 신체 부위를 직접 관찰한 후, 친구들과 함께 토의를 한다. 그리고 자신의 모습을 붓 끝으로 섬세하게 표현하였다.

C: 선생님~! 저는 머리카락이 조금 곱슬인 것 같기도 해요. 여기가 조금 꼬여 있어요.

C1: 얘들아 나는 말이야. 코가 조금 긴 것 같아.

C2: 나는 신기한 걸 발견했어. 코 밑에 두 줄이 그어져 있어. 정말 신기하지?

C1: 어디 어디? 정말이네. 나도 있어.

T: 우리 친구들이 정말 섬세하게 얼굴을 관찰했군요. 그럼 친구들과 함께 자신의 얼굴에 대해 이야기를 나누었으니까 그림으로 표현하는 건 어떨까요?

C2: 좋아요. 잊어버리기 전에 빨리 그릴게요.

C1: 나한테 좋은 방법이 있어. 잊어버리면 다시 거울을 보면 생각날 거야.

C2: 그거 정말 좋은 방법인데?

(어린이들은 붓을 이용하여 자신의 얼굴을 자세하게 표현하였다.)

T: 우리 친구는 이 모양을 정말 크게 그렸네요.

C2: 네~! 왜냐하면요. 저는 거울을 볼 때 웃고 있었거든요. 그래서 이가 크게 보였어요.

C: 저는 말이에요. 눈이 조금 큰 것 같아요. 그래서 이렇게 크게 그렸어요.

C1: 우리 다 그리고 나면 서로 바꿔서 감상해 보자.

T: 그거 정말 좋은 방법이구나. 다 그리고 나면 전시하도록 해요.

(어린이들은 그림을 그리고 나서 전시공간에 전시한 후 자신의 그림과 친구들의 그림을 비교 탐색하면서 친구와 나의 얼굴이 다르게 생겼음을 알게 되었다.)

명상놀이 프로그램을 소개해요.

프로그램 01	잔디 명상놀이

• 모든 자연은 살아있다는 것을 알고 잔디가 무슨 생각을 하는지 교감명상을 통해 느껴본 후, 자연과 우리는 하나임을 안다.

명상놀이 진행순서

① 잔디를 본 경험과 어디에서 볼 수 있는지 이야기해 본다.

- 잔디를 본 경험이 있나요?
- 잔디를 볼 수 있는 곳이 어디일까요?
- 잔디를 보면 무슨 생각이 나는지 이야기해 볼까요?

② 잔디를 보며 '잔디가 무슨 생각을 하는지' 동시를 들려준다.

> 잔디가 무슨 생각을 하는지 살며시 손을 대어보아요.
> 잔디가 무슨 생각을 하는지 가까이 볼을 대어보아요.
> 잔디가 무슨 생각을 하는지 가만히 귀를 대어보아요.
> 그리고 이야기해.
> "잔디야 안녕! 난 널 좋아해."

- 동시를 들으며 잔디를 몸으로 표현해 봐요.
- 직접 밖으로 나가 잔디에게 손을 대어보고 볼도 대어보면서 잔디가 무슨 생각을 하는지 들어볼까요?

③ 잔디와 교감 나누기를 한다.

- 밖으로 나가서 잔디와 마주한 후, 잔디를 탐색한다.

- 손으로 만져보고 볼도 대어보고 맨발로 걸어보기도 한다.
- 잔디에 누워 온몸으로 잔디의 느낌을 느껴볼까요?
- 맨발로 잔디를 사뿐사뿐 걸어볼까요?
- 잔디가 어떤 생각을 하는지 귀 기울여 들어보고 느껴볼까요?
- 잔디에 누워 파란 하늘을 감상해 볼까요?
- 바람에 흔들리는 잔디를 관찰해 볼까요?

④ 잔디와 교감하면서 느꼈던 점을 회상하며 나의 경험을 함께 나누어요.
- 잔디와 함께 어떤 경험을 했나요?
- 가장 인상 깊었던 경험에 대해 이야기를 나누어 볼까요?
- 잔디가 무슨 생각을 하고 있는지 그 소리를 들었거나 또 느낀 것이 있으면 함께 나누어 볼까요?

⑤ 내가 느낀 잔디를 표현해요.
- 잔디와 교감 명상을 한 후, 잔디에 대한 느낌을 그림으로 표현해 본다.
- 잔디는 어떤 모습이었을까?
- 잔디를 느꼈을 때 어떤 생각들을 했나요?

⑥ 나의 경험, 생각, 느낌을 말하고 동작으로 나타내어 본다.
- 잔디와 교감명상을 했을 때 어떤 느낌이 들었나요?
- 잔디는 어떤 이미지일까요?
- 아이에게 다음과 같이 이야기해 주면서 '나는야! 잔디' 신체표현 활동을 한다.

나는 잔디예요. 깜깜한 땅속에 살고 있어요. 친구들도 아주 많아요.
나와 같은 모양의 잔디 친구들도 많고, 가끔씩 애벌레 친구들도 놀러와요.
나풀나풀 나비도 나의 몸에서 잠시 쉬고 가지요.
어! 해님이 방긋 웃고 있어요. 나를 따뜻하게 비춰주고 있어요.
해님이 나를 비춰주면 친구들이 공놀이도 할 수 있고
소풍 와서 나의 위에 서 쉬기도 하지요.
친구들이 나를 밟거나 앉으면 아프기도 하고 나의 몸이 흩어지기도 하지만,
나는 다시 일어설 수 있지요. 와! 바람이 불어요. 바람 따라 춤도 추어요.
아~ 차가워! 누가 나에게 물을 주나 봐요. 다시 한번 몸을 쭉 펴 볼래요. 쫘악!

프로그램 02 숲 친구(곤충, 동물 등)와 함께하는 명상놀이

숲에서 만나는 다양한 숲속 친구들에게 관심을 가지고 탐색해 본 후, 숲 친구의 특징을 관찰해 본다.

직접 숲 친구들을 이해하고 표현해 보면서 모든 생명의 소중함을 안다.

명상놀이 진행순서

① 숲 친구를 만나기 전, 이야기를 나누어요.

- 숲속을 산책하면 어떤 자연 친구들을 만날 수 있을까요?
- 숲에서 만난 친구들의 모습에는 어떤 특징들이 있을까요?
- 산책하면서 자연 친구들을 만나면 어떤 이야기를 해 주고 싶어요?

② 숲속을 산책하며 다양한 숲 친구들을 만나요.

- 어떤 모습인지 생김새를 자세하게 관찰해 볼까요?
- 숲 친구에게 반가움의 인사를 전해볼까요?
- 숲 친구의 행동을 집중해서 관찰하며 어떤 특징이 있는지 관찰해 볼까요?

③ 숲에서 만난 반가운 친구들에 대해 이야기를 나누어요.

- 숲속을 산책하면서 만날 수 있는 여러 가지 동물 및 곤충에 대해 관심을 가진다.
- 내가 발견한 곤충의 생김새와 특징을 관찰하고 이름을 조사해본다.
- 숲속에서 새로운 친구들을 만났을 때 나는 어떤 기분이었나요?
- 우리를 본 곤충과 동물들은 어떤 생각을 했을까요?
- 앞으로 우리가 숲속 친구들과 사이좋게 지내기 위해서는 어떤 약속을 지키면 좋을까요?

④ 숲에서 만난 모든 곤충과 생명체에게 따스한 사랑을 보내는 명상활동을 한다.

- 숲에서 만난 다양한 곤충과 생명체들을 떠올려볼까요?
- 숲에서 지내고 있는 곤충들은 어떤 하루를 보낼까요?

-숲 친구들은 어떤 생각을 하며 생활할까요?

-우리가 숲 친구들에게 전하고 싶은 메시지는 어떤 것들이 있을까요?

-자연을 보호하기 위한 우리의 작은 실천을 정해볼까요?

예) 숲에서 만난 거미를 관찰하고 이름을 붙여주며, 거미와의 명상놀이를 한다.

거미를 자세하게 관찰하면서 거미에게 사랑하는 따뜻한 마음을 보내봅니다.
거미의 움직임을 관찰하면서 거미는 어떤 생각을 하는지 느껴봅니다.
거미와 내가 지구에서 함께 살아가고 있는 생명체임을 느껴봅니다.
숲속의 모든 생명체를 마음으로 느껴보고,
모두가 편안해지기를 마음으로 기원합니다.
거미에게 전하고 싶은 메시지를 다정한 목소리로 이야기해 볼까요?
우리가 거미를 안전하게 보호하기 위해 할 수 있는 실천을 계획해 볼까요?
우리 거미 친구도 정말 좋아할 거예요. 따뜻한 마음에 감사해 할 거예요.

⑤ 숲 친구들을 위한 공간을 꾸며 보아요.

-여러 가지 재활용품을 이용하여 숲 친구들을 위한 공간을 꾸며 보아요.

-숲 친구들이 잘 살기 위해서는 어떤 환경이 필요할까요?

-숲 친구들이 사는 마을에는 어떤 것들이 있으면 좋을까요?

-숲 친구들에게 필요한 것에 대해 알아보고 사랑하는 마음을 담아 꾸민다.

프로그램 03 물 명상놀이

물의 생명력을 오감을 통해 느껴보고 물과의 교감을 통해 느꼈던 것을 다양한 방법으로 표현한다.

물 명상을 통해 모든 생명의 근원인 물과 내가 하나라는 사실을 깨닫고 물에 대한 감사함을 느낀 후, 스스로 자신의 마음을 깨끗하고 맑게 하고자 노력한다.

명상놀이 진행순서

〈물 명상 1- 흐르는 물 명상놀이〉

① 흐르는 물과의 교감 명상을 한다.

- 흐르는 물이 있는 공간에서 맨발로 물 교감 명상을 준비한다.

크게 숨을 들이쉬고, 내쉽니다(세 번).
나의 호흡에 집중하며 마음을 차분하게 합니다.
호흡을 하며 천천히 걸어봅니다.
천천히 흐르는 물을 느껴봅니다.
숨을 들이쉬고 내쉬면서 흐르는 물을 느끼며 집중해 봅니다.
물을 거슬러 천천히 올라갑니다.
흐르는 물이 내 발에 와닿을 때의 느낌을 느낍니다.
두 손을 물이 흐르는 곳에 대고 손에 와닿는 물의 느낌을 느껴봅니다.
멈추어서 뒤로 돌아 흐르는 물을 느껴봅니다.
천천히 물을 따라 한 방향으로 함께 걸어봅니다.
물과 마주한 나의 걸음에 집중하여 걸어봅니다.
지금 이 순간! 모든 것에 감사한 마음을 전합니다.

② 흐르는 물과의 교감 명상이 끝난 후, 느낌에 대해 이야기를 나누고 표현한다.

- 물과 함께 교감했을 때 어떤 느낌이 들었나요?
- 물이 나의 발을 지나갔을 때 어떤 느낌이 들었나요?

- 물이 우리에게 주는 고마움에는 어떤 것들이 있을까요?
- 내가 느낀 물의 이미지는 어떠했나요?
- 물을 어떤 방법으로 표현할 수 있을까요?

〈물 명상 2- 온몸으로 느끼는 물 명상놀이(몸으로 느끼는 물방울)〉

① 빗방울을 느껴보기 전 비를 맞아본 경험에 대해 이야기를 나눈다.

- 눈을 감고 비를 맞아본 경험을 떠올려 볼까요?
- 하늘에서 내리는 비를 손으로 느껴본 적이 있나요?
- 비를 맞았을 때 어떤 느낌이 들었나요?

② 빗방울 소리와 함께 명상을 한다.

- 'Water' 명상음악을 들으며 빗방울을 느껴본다.
- 내가 직접 물방울이 되어 흘러가는 것을 상상해 본다.

> 눈을 감고 숨을 크게 들이쉬고 길게 내쉽니다.
> 지금 들려오는 빗방울 소리에 집중합니다.
> 빗방울이 나의 머리에 닿아 온몸을 타고 흘러내립니다.
> 어떤 느낌이 드는지 온전히 느껴봅니다.
> 그럼 우리 빗방울과 함께 여행해 볼까요?
> 나는 빗방울입니다. 나는 비가 되어 흘러 흘러 어디론가 흘러가고 있습니다.
> 흘러가는 동안 나에게는 어떤 일이 일어났을까요?
> 내가 지금 도착한 곳은 어디인가요?
> 천천히 눈을 뜨고 앞사람과 마주 봅니다.
> 빗방울이 나의 온몸을 감싸 안아주었듯이
> 서로 꼭 안아줍니다.

③ 빗방울과의 감각 나누기 명상놀이를 한다.

- 비가 오는 날 우비를 입고 밖에 나가서 빗방울을 직접 손, 발, 눈, 입 등 오감을 통해 온몸으로 다양하게 느껴본다.

- 내 손, 발, 눈, 입에 빗방울이 닿았을 때 어떤 느낌이 드는지 이야기해 볼까요?
- 빗방울이 몸에 닿을 때 어떤 소리가 나요?
- 빗방울 소리를 표현해 볼까요?

〈물 명상 3- 내 마음의 물 맑게 하기〉

① 물에도 감정이 있어요.

- '물은 답을 알고 있다'라는 책을 통해 여러 상황에 따라 물의 모양이 달라짐을 알고 물에도 감정이 있음을 안다.
- 물도 감정이 있을까요?
- 우리는 감정에 따라 표정과 행동이 달라지는데 물은 감정에 따라 어떤 부분이 달라지는 걸까요?
- 다양한 물결정체 사진을 보며 물결정체의 모양을 관찰하고 이야기를 나눈다.
- 물결정체는 어떤 모양을 하고 있나요?
- 이 물결정체는 어떤 감정이 들어서 이런 모양으로 표현된 것일까요?
- 물결정체는 주변 상황에 따라 모양이 달라짐을 안다.

② 나의 마음도 감정에 따라 결정체가 달라져요.

- 내 마음속 물결정체를 그려보아요.
- 지금 내 몸속의 물은 어떤 모양을 하고 있을까요?
- 몸속의 물에게 하고 싶은 이야기를 나누어 보도록 해요.

③ 내 마음의 물을 맑게 해 보아요.

- 우리 몸의 70%도 물로 구성되어 있어요. 우리가 어떤 감정과 기분을 가지는지에 따라 마음속 물결정체도 달라질 거예요.
- 마음을 맑고 깨끗하게 하기 위해 필요한 것은 무엇일까요?

우리 몸의 70%가 물로 이루어져 있어요.
우리의 몸과 마음을 맑고 깨끗하게 하려면 어떻게 하는 것이 좋을까요?
좋은 생각, 좋은 마음, 좋은 행동이 가득 담긴 어린이 자비관을 통해 내 몸과 마음의 물을 맑게 해 보아요.

〈어린이 자비관〉

내 마음속에 선한 씨앗이 싹트기를 기원합니다!
내가 고운 말을 하기를 기원합니다.
내가 바른 소리를 들을 수 있기를 기원합니다.
내가 좋은 생각하기를 기원합니다.
내가 행복하게 지내기를 기원합니다.

저의 부모님, 선생님, 친구들 그리고
살아있는 생물이면 어떤 것이나,
보이는 것이나 보이지 않는 것이나,
멀리 사는 것이나 가까이 사는 것이나,
이미 생긴 것이나 생겨날 것이나,
모든 생명들이 행복하기를 기원합니다.

내 마음속 씨앗이 지혜의 꽃을 피우고
자비를 실천하는 어린이로 자라나길 기원합니다.

나의 바른 행동으로 모든 사람이
행복해지기를 기원합니다!

나의 본래 마음자리
오늘도 지혜롭고 자비의 마음을 실천하는
○○이가 되길 기원합니다!

④ 물 자비관을 낭독하며 물에 대한 소중한 마음을 전한다.

〈물 자비관〉

물이 평화롭기를 기원합니다.
물이 깨끗하게 되기를 기원합니다.
물이 힘내기를 기원합니다.

우리 몸속의 물, 꽃과 나무가 자랄 때,
목욕할 때, 물을 마실 때, 수영할 때, 물총놀이 할 때
우리를 도와주는 물아! 정말 사랑해!

물이 아프지 않기를 기원합니다.
내가 물을 더 사랑하기를 기원합니다.
물과 나는 하나입니다.

⑤ 물 교감 명상놀이를 한다.

- 명상을 통해 물에게 물 자비관을 낭독해 준 후, 물과 교감명상놀이를 한다.
- 자비관을 들은 물이 우리에게 어떤 이야기를 하는 것 같아요?
- (나의 컵에 내가 마실 물을 담은 후) 물에게 고마움을 느끼며 사랑하는 마음을 담아 마셔보도록 해요.
- 우리의 마음을 담은 물을 마시니 어떤 느낌이 드나요?

프로그램 04 나무 명상놀이

• 나무를 관찰하면서 생김새를 알아본 후, 나무와 교감하면서 사랑을 나눈다.
• 나무에 뿌리가 든든한 역할을 하듯이 나에게도 따뜻한 사랑의 마음(뿌리)이 있음을 알고 나를 아름답게 가꾸기 위한 방법들을 알아보고 실천해 본다.

명상놀이 진행순서

① 숲을 산책하면서 나무와 만난다.

- 숲을 산책하면서 만나는 나무와 반갑게 인사한다.
- 나무야 안녕? 오늘도 만나게 되어 정말 반갑구나. 오늘의 햇빛은 어떠니? 오늘 만난 사람들은 어떤 사람들이었어? 오늘 너의 기분은 어떠니?
- 나무야 정말 무럭무럭 잘 자라고 있구나!

② 나무와 교감한다.

- 나무를 꼭 안아주며 나무의 기운과 나의 기운이 하나 됨을 느껴본다.
- 나무 앞에 앉아서 나무껍질, 나무 기둥의 둘레, 나무를 타고 올라가는 곤충들, 손으로 만졌을 때 나무껍질의 느낌 등을 관찰한다.
- 나무에 등을 대고 서서 하늘을 바라본다.
- 등에서 전해지는 나무의 에너지를 온몸으로 느껴본다.
- 나무를 꼭 안아주며 전하고 싶은 메시지를 속삭인다.
- 나무와 함께할 수 있는 간단한 운동을 하며 서로 친밀해진다.

③ 나무 되어보기

- 숲의 나무들처럼 우리가 나무가 되어볼까요?
- 나무가 되어보니 어떤 느낌이 들어요?
- 나무가 되어 만난 바람, 공기, 숲의 소리는 어떠한가요?
- 나무가 되어 눈을 감고 자연을 느껴볼까요?

④『나의 나무』를 정한 다음 지속적으로 친구가 되어 주기로 약속한다.

- 내가 자주 갈 수 있는 숲에 나만의 나무 한 그루를 정한다.
- 나의 나무에 이름도 정해준다.
- 자주 찾아가서 나무를 관찰하고 나무에게 사랑의 마음을 전한다.
- 오늘은 기분이 어떠니? 오늘 나의 기분은 정말 좋아! 우리 서로 좋은 에너지를 나눠볼까? 우리 함께 운동하며 건강해지자... 등

⑤『나의 나무』를 관찰하고 관찰일지를 작성한다.

- 나무의 변화된 모습을 글 또는 그림으로 기록한다.
- 관찰일지에 차곡차곡 쌓이는 나무의 변화과정을 보며 나무의 성장을 응원한다.
- 나무와 함께 커가는 나 자신에게도 관심을 가지고 사랑을 전한다.

⑥ 내 마음의 씨앗

- 초와 예쁜 화분과 씨앗을 준비한다.
- 명상음악과 함께 눈을 감고 "내 마음의 씨앗" 명상을 한다.

> 눈을 감고 들려오는 음악 소리에 집중합니다.
> 우리가 만난 나무의 모습을 떠올려 봅니다.
> 나와 나무가 서로 교감했던 모든 순간은 정말 소중합니다.
>
> 씨앗이 처음 땅에 뿌려졌을 때
> 겉으로는 보이지 않지만 땅속에서 좋은 기운을 간직하여 점점 자라 땅 위로 올라옵니다.
> 시간이 흘러 씨앗은 멋진 나무가 됩니다.
> 우리의 마음에도 마음 씨앗이 심어져 있답니다.
> 우리 마음속에 있는 씨앗이 어떤 나무와 꽃이 될지는 우리에게 달려 있답니다. 내 마음의 씨앗에게 항상 사랑과 정성을 쏟고 착한 마음과 바른 행동을 한다면 아름다운 모습으로 성장하겠죠?
> 우리들의 마음 씨앗이 어떤 모습으로 자라면 좋을까요?
>
> 나무의 뿌리가 튼튼해야 나무의 겉모습도 아름답고 튼튼하게 자라납니다.
> 이렇듯 나의 마음이 건강하고 예뻐야 나의 얼굴과 몸도 예쁘고 건강하게 자라날 수 있답니다.
> 나의 마음을 잘 지켜볼까요?

프로그램 05 뿌리 명상놀이-보이지 않는 땅속 세상은?

나무를 지탱해 주는 뿌리에 관심을 가지고 보이지 않는 땅속 세상은 어떤 모습일지 상상해보고 다양한 방법으로 표현한다.

명상놀이 진행순서

① 숲속에 있는 다양한 나무를 관찰한다.

- 숲 산책을 하면서 뿌리를 발견할 수 있는 나무들을 찾아본다.
- 땅 위로 뿌리가 뻗어 나온 나무들을 관찰한다.
- 이 나무는 뿌리가 왜 밖으로 뻗어 있는 걸까요?

② 나무의 뿌리가 왜 밖으로 뻗어 있는지 서로의 의견을 공유한다.

- 밖으로 뻗어 있는 나무의 뿌리를 관찰해 볼까요?
- 뿌리가 밖으로 뻗어 나와 있으면 어떤 일이 생길 수 있을까요?
- 나무의 뿌리는 어떤 역할을 할까요?
- 뿌리가 밖으로 나와 있으면 불편한 점만 있을까요?
- 산을 오르거나 내려올 때 뿌리가 땅 위로 나와 있으면 계단처럼 밟고 내려올 수 있어서 미끄러지지 않게 도움을 준다고 해요.
- 뿌리가 밖으로 나와 있는 이유는 무엇일까요?(상상해서 이야기하기)

③ 내가 나무뿌리라면?(신체표현)

- 숲 소리 음악을 들으며 호흡명상을 한다.

> 눈을 감고 숨을 들이쉬고 내쉬어 봅니다.
> 숲 소리에 집중하며 호흡해 봅니다.
> 숲을 이루고 있는 나무들을 떠올려 봅니다.
> 나무를 구성하고 있는 나무의 뿌리, 줄기, 잎들을 떠올려 봅니다.
> 내가 나무의 뿌리가 되어봅니다.

> 땅속의 건강한 에너지를 흡수하여 나무의 곳곳에 전해주는 나무의 심장인 뿌리가 되어 봅니다.
> 들숨에 건강한 에너지를 빨아들이고
> 날숨에 나무에 있는 안 좋은 에너지를 내쉽니다.
> (여러 번 반복)
> 우리의 들숨과 날숨으로 나무가 건강해집니다.

- 눈에 보이지 않는 뿌리들은 땅속에서는 어떤 모습을 하고 있을까요?
- 나무가 크면 뿌리도 아주 크고 옆으로 많이 뻗어 있을 거예요.
- 나무가 만나는 햇빛, 바람, 비, 눈 등에 따라 나무의 뿌리는 어떤 변화를 경험하게 될까요?
- 비가 오면 뿌리의 기분은 어떠할까요?
- 빗물로 시원하게 목욕하는 나무를 상상해 볼까요?

④ 뿌리가 살고 있는 땅속 세상을 상상해 보고, 다양한 방법으로 표현해요.

- 뿌리가 살고 있는 땅속 모습은 어떨까요?
- 땅속에도 많은 생명들이 뿌리와 함께 살고 있을까요?
- 뿌리가 만나는 생명체들에는 어떤 것들이 있을까요?
- 떠오르는 우리의 생각을 그림으로 표현해 볼까요?

■ 내가 상상하는 땅속 세상을 그림이나 찰흙, 점토 등으로 다양하게 표현해 본다.

⑤ 땅속에 살고 있는 많은 생명들에게 내 마음을 전하는 메시지를 작성한다.

- 땅속 세상에는 누가 살고 있는지 그림을 보면서 함께 이야기를 나눈다.
- 살아있는 생명에 대한 소중함을 이야기하면서 하고 싶은 이야기를 편지에 글 또는 그림으로 표현해 본다.
- 우리들의 메시지를 공유하며 서로의 마음을 존중하는 태도를 기른다.

프로그램 06 색깔 명상놀이

여러 가지 색에 담겨 있는 나만의 생각을 알아보고 나의 기분을 좋게 만드는 색에 대해 이야기를 나눈다. 또 나를 색으로 표현하고 담고 싶은 메시지를 담아본다.

명상놀이 진행순서

① 주변에 있는 다양한 색을 발견해요.

- 우리 주변을 둘러볼까요? 어떤 색들을 발견할 수 있나요?
- 하늘의 색은 어떠한가요?
- 숲의 색은 어떠한가요? 숲에서는 다양한 색들을 발견할 수 있어요. 숲의 다채로운 색을 하나씩 발견해 볼까요?

② 나를 색으로 표현해 보아요.

- 우리를 둘러싸고 있는 모든 것들에는 색이 있어요. 그렇다면 나는 어떤 색으로 표현될 수 있을까요?
- 나를 왜 이 색깔로 표현했는지 이야기를 나누어 볼까요?
- 내가 생각하는 나를 표현하는 이 색이 마음에 드나요?
- 나에게 안정감을 주는 색깔은 무엇인가요?
- 나에게 불안감을 주는 색깔은 무엇인가요?

③ 나에게 편안한 안정감을 주는 색을 골라 이름을 붙여주어요.

- 다양한 색깔의 종이를 준비한다.
- 나에게 안정감을 주는 색종이를 고른다.
- 왜 이 색깔이 나에게 안정감을 주는지 이야기를 나눈다.
- 나에게 안정감을 주는 색에 이름을 붙여준다.

④ 나에게 안정감을 주는 색과 색깔 명상놀이를 한다.

- 자리에 편하게 누워 나에게 안정감을 주는 색종이를 가슴 위에 올린 후, 명상을 한다.

> 눈을 감고 숨을 들이쉬고 내쉬어 봅니다.
>
> 나의 가슴 위에 놓인 안정감을 주는 색깔의 기운을
> 온몸으로 느껴봅니다.
> 내가 불안할 때, 내가 고민이 많아질 때, 내가 두려울 때,
> 내가 많이 긴장될 때, 내가 걱정이 많아질 때
> 이 색깔의 에너지는 나에게 긍정의 기운을 선물할 거예요.
>
> 긍정의 기운이 나의 온몸에 퍼지는 순간
> 나의 몸은 안정감을 찾을 거예요.

나에게 일어나는 수많은 감정들은 모두 소중하고 의미 있다는 것을 알고 감정을 잘 다스릴 수 있도록 한다.

⑤ 색깔나무 만들기

- 도화지에 나뭇잎이 없는 나무를 그린다.
- 내가 좋아하는 색을 손가락으로 찍어 나무의 잎들을 완성한다.
- 내가 좋아하는 여러 가지의 색으로 구성된 나무 그림에 긍정의 메시지를 적는다.
- 나에게 좋은 기운을 주는 나무 그림에 제목을 붙여주고 함께 마음을 주고받는다.

프로그램 07 비눗방울 명상놀이

비눗방울 놀이를 통해 들숨과 날숨을 재미있게 경험하고 나의 호흡을 조절하는 능력을 키울 수 있다.

명상놀이 진행순서

① 호흡명상을 통해 집중한다.

- 온몸을 이완시킨다.
- 숨을 깊이 들이쉬고 내쉬면서 호흡에 집중한다.
- 자연스럽게 호흡하면서 신체 한 부분에 집중해 볼까요?
- 명상에 집중하면서 자비심을 키운다.

② 비눗방울과 함께 호흡명상을 즐긴다.

- 비눗방울을 신나게 불어볼까요?
- 이번에는 들숨과 날숨에 집중하며 비눗방울을 만들어 볼까요?

자~ 숨을 크게 들이쉬고 후~ 내쉬면서 천천히 비눗방울을 만들어 봅니다.
숨을 크게 들이쉬면서 즐거운 기억을 떠올리고
숨을 내쉬면서 비눗방울을 만들어 봅니다.
숨을 크게 들이쉬고 내쉬면서
천천히 비눗방울을 만들어 봅니다.

비눗방울은 우리들의 기억을 싣고 하늘 높이 올라갑니다.
기쁘고 좋은 기억은 더 커지고
슬프고 힘들었던 기억은 더 줄어들 거예요.

나의 들숨과 날숨으로 비눗방울이 만들어지고
비눗방울은 바람을 타고 두둥실 떠갑니다.

③ 함께하는 비눗방울 놀이

- 비눗방울을 만들 때 나의 느낌은 어떤가요?
- 내가 만든 비눗방울에 이름을 붙여줄까요?
- 나의 기억을 담은 비눗방울은 어디까지 올라갈까요?
- 누가 더 큰 비눗방울을 부는지 살펴볼까요?
- 천천히 날숨을 하면서 비눗방울의 크기를 조절하기
- 함께 부는 비눗방울 놀이

④ 비눗방울에 담았던 나의 기억을 그림으로 표현해요.

- 비눗방울에 어떤 기억을 담았나요?
- 기억을 담아 보낼 때 어떤 생각을 했나요?
- 다양한 방법으로 비눗방울에 담은 나의 기억을 표현해 보는 경험을 해요.

프로그램 08 바람 명상놀이

바람 소리를 잘 들어보고, 바람에 따라 움직이는 나뭇잎, 나뭇가지 등을 관찰해 본다.

신체를 이용하여 바람을 표현하며 바람에게 고마운 마음을 다양한 방법으로 표현한다.

명상놀이 진행순서

① 바람 소리를 느껴보아요.

- 눈을 감고 들려오는 바람 소리에 집중해 볼까요?
- 바람이 나의 몸을 스칠 때 나의 기분은 어떠한가요?
- 바람이 나의 볼을 스칠 때 나의 기분은 어떠한가요?
- 바람이 나의 머리카락을 스칠 때 나의 기분은 어떠한가요?
- 바람이 나의 귓가에 머물 때 어떤 소리가 들리나요?

② 바람에 따라 움직이는 자연의 모습을 관찰해요.

- 바람에 따라 움직이는 나뭇잎의 모습은 어떠한가요?
- 바람을 맞이하는 나무의 마음은 어떠할까요?
- 바람은 자연에 어떤 영향을 선물할까요?

③ 바람에 따라 움직이는 나뭇잎 되어보기

- 바람이 불 때 움직이는 나뭇잎의 모습을 구체적으로 관찰한 후, 나뭇잎처럼 몸을 움직여보도록 한다.
- 나만의 바람 춤 놀이를 만들어 본다.

④ 바람을 느낄 수 있는 얇은 천을 이용하여 바람 춤 명상놀이 즐기기

> 눈을 감고 숨을 들이쉬고 내쉬어 봅니다.
>
> 숲에서 만난 바람을 떠올려 봅니다.
> 바람이 지나갈 때 자연 친구들의 모습을 하나씩 떠올려 봅니다.
> (충분히 앉아서 생각한 후)
>
> 자리에서 일어나 앞에 놓여 있는 천을 듭니다.
> 바람을 느꼈던 그때의 느낌, 자연 친구들의 모습을 떠올리며
> 바람을 표현하는 춤을 춥니다.
>
> 바람은 눈에 보이지 않지만 온몸으로 느낄 수 있습니다.
> 우리가 표현하는 바람 춤으로 바람의 움직임을 느낄 수 있습니다.
> 마음껏 자유롭게 표현해 보도록 합니다.

⑤ 바람 표현하기

－바람이 눈에 보인다면 어떤 모습일까?(상상화 그리기)

－바람 소리를 그림으로 표현해 본다면?

－바람을 주제로 하는 동화, 동시 짓기

프로그램 09 가을 명상놀이

가을이 되어 변화하는 다양한 자연을 체험하고 계절의 변화와 더불어 나의 변화도 느껴본다.

우리의 몸과 주변 사물은 항상 변화한다는 것을 알아차리고 지금 이 순간을 소중히 여기는 마음을 가진다.

명상놀이 진행순서

① 내가 경험한 가을에 대한 이야기를 나눈다.

- 가을을 느껴본 적이 있나요?
- 가을이 되면 자연은 어떻게 변화되나요?
- 가을에 대한 나의 느낌에 대해 이야기 나누어 보아요.
- 가을 하면 떠오르는 것에는 어떤 것들이 있나요?
- 가을에 만나 본 자연 색은 어떠했나요?

② 산책을 통해 가을(계절)의 변화를 느껴본다.

- 산책을 하며 가을의 변화를 발견하면 서로 이야기해 볼까요?
- 가을의 향은 어떠한가요?
- 가을의 색은 어떠한가요?
- 가을의 느낌은 어떠한가요?

③ 낙엽 명상

- 나뭇잎의 모양, 색깔, 촉감 등을 살펴보고 떨어진 낙엽들의 모습을 흉내 내어 본다.
- 낙엽을 밟으며 소리와 함께 걸어본다.
- 바람이 불 때, 낙엽들이 움직이는 모습을 따라 함께 움직여 보고, 낙엽을 주워 머리 장식물과 옷 장식물을 만들어 표현한다.

④ 가을을 느끼며 생각했던 것을 다양한 방법으로 표현해요.

- 가을의 변화를 느끼며 어떤 생각을 했나요?
- 가을을 표현해 볼까요?
- 가을 하면 떠오르는 것을 그림으로 표현해 보아요.

⑤ 자연의 변화와 우리 몸의 관계(명상)

- 다음의 글을 읽어주며 함께 계절의 변화를 느끼며 명상을 한다.

> 가을이라는 계절의 옷을 입은 자연은 많은 변화를 경험합니다.
> 나뭇잎도 빨강, 노랑 형형색색의 옷을 입고 알록달록한 숲이 됩니다.
>
> 나뭇잎이 변하듯 우리의 몸도 변합니다.
> 눈을 감고 가만히 누워 내가 나무가 되어 봅니다.
> 나무의 뿌리, 기둥, 나뭇가지...
> 나무의 몸속 세포가 움직여 나무는 천천히 자랍니다.
> 나의 몸 안 세포도 조금씩 조금씩 움직여 나 또한 쑥쑥 자랍니다.
> 나무가 자라듯 나도 자랍니다.
> 나의 계절은 지금 어떤 계절일까요?

⑥ 모든 것은 변한다는 것을 알아차리고 지금 이 순간의 소중함을 이해한다.

- 나무가 자라듯이 나도 쑥쑥 자라나고 있어요.
- 조금씩 조금씩 변화하는 나의 모습을 느껴볼까요?
- 몸이 변화하듯 나의 생각과 마음도 쑥쑥 자라납니다.
- 지금 이 순간은 다시 돌아오지 않아요! 지금 이 순간을 즐기고 사랑하는 사람이 되어보아요.

프로그램 10 꽃씨 명상놀이

씨앗을 심고 성장하는 과정을 관찰하면서 꽃과 우리의 몸을 비교하여 그 구조를 이해하고 마음을 나누며 교감하는 활동을 한다.

꽃 명상을 통해 "자연과 나는 하나"라는 것을 느끼고 꽃의 성장을 위해 우리가 할 수 있는 것들을 실천해 본다.

명상놀이 진행순서

① 꽃에 대한 경험 나누기

- 꽃을 만난 경험이 있나요?
- 내가 만난 꽃의 생김새는 어땠나요?
- 꽃을 볼 때 나의 마음은 어떠했나요?
- 내가 가장 좋아하는 꽃은 무엇인가요?
- 꽃은 우리를 볼 때 어떤 생각을 할까요?
- 꽃의 성장과정을 아는 대로 이야기해 볼까요?

② 꽃씨를 관찰하고 심어본다.

- 씨앗을 심는 과정에 대해 알아본다.
- 씨앗을 관찰한다.
- 어떤 꽃의 씨앗일까요?
- 씨앗의 생김새는 어떤가요?
- 이 씨앗이 성장했을 때 어떤 꽃의 모습을 할까요?(상상하여 말하기)
- 씨앗의 변화과정에 대해 이야기를 나눈다.
- "꽃씨" 동시를 들으며 신체표현을 한다.
- 우리 집 주변에서 발견할 수 있는 꽃들에 대해 이야기를 나눈다.

③ 나의 마음에는 어떤 씨앗이 있을까요?

- 내 마음 텃밭에는 어떤 씨앗들이 존재할지 생각해 본다.
- 내 마음 텃밭에는 어떤 씨앗들이 있을까요?
- 내 마음속 선한 씨앗이 잘 자라기 위해서는 우리가 어떻게 하면 좋을까요?
- 나만의 약속을 정하여 약속표를 만들어 본다.(나의 실천약속)

④ 꽃과 우리 몸의 구조에 대해 탐색해요.

- 꽃의 구조에 대해 알아본다(암술, 수술, 꽃잎, 꽃받침, 줄기, 뿌리, 꽃가루 등).
- 주변에 있는 여러 가지 꽃들을 관찰하며 식물 관찰일지를 작성해 본다.
- 오늘 내가 만난 꽃은 어떤 모습을 하고 있었나요?
- 꽃의 생김새를 그림으로 표현해 볼까요?
- 꽃의 특징에는 어떤 것들이 있었나요?
- 우리 몸을 이루고 있는 신체기관에 대해 알아본다(우리 몸은 소중해요).
- 〈다도 명상〉을 통해 차를 마시면서 몸의 감각을 느껴본다.

우리 앞에 놓여 있는 찻잎을 관찰해 볼까요?
손으로 만져보며 찻잎을 느껴봅니다.
코로 찻잎의 향을 맡아봅니다.
혀로 찻잎의 맛을 살짝 느껴볼까요?
(차를 우려낸 후)
지금 내 앞에는 따뜻한 차 한잔이 놓여 있습니다.
우려낸 차의 색은 어떠한가요?(시각)
차를 두 손 위에 올린 후, 차의 향기를 맡아봅니다.(후각)
따뜻한 차를 후~ 불어 한 모금 마셔봅니다.(미각)
차의 따뜻함이 나의 식도를 지나 위까지 따뜻함을 전해줍니다.
내가 지금 마신 이 차는 나의 온몸에 따뜻한 에너지를 전해주어
기분 좋은 하루를 만들어 줍니다.
차를 마시면서 어떤 생각을 떠올렸나요?

- 나의 몸이 하는 일에 대해 알아본다.
- 나의 소중한 몸 친구에게 사랑의 마음을 전한다.

⑤ 나의 소중한 몸이 조금이라도 다치면 아픈 것처럼 우리가 꽃을 꺾으면 꽃은 어떤 마음이 들까요?

- 꽃을 꺾으면 꽃은 어떤 마음이 들까요?
- 꽃을 사랑하기 위한 우리들의 약속을 정해본다면?

⑥ 꽃 명상놀이

- 꽃을 앞에 두고 앉는다.
- 꽃을 보면서 생각나는 것에 대해 이야기를 나눈다.
- 꽃을 보았을 때 나의 신체부분들은 각각 어떻게 반응하는지 느껴보고 이야기를 나눈다.
- 내가 꽃 가게에 있는 꽃이라면 나는 어떤 꽃이 되고 싶나요?
- 손님들이 꽃이 된 나를 보면 어떤 생각을 하며 이야기를 할까요?
- 내 마음속에는 어떤 꽃이 있는지 생각해 볼까요?
- 내 마음속에 있는 꽃은 어떤 향기가 나는지 이야기해 볼까요?
- 내 마음의 꽃은 나에게 어떤 이야기를 하고 있는지 귀 기울여 볼까요?
- 모든 생명은 소중하고 자연과 나는 하나라는 것을 느껴보아요.

■ 공기 명상, 소리 명상 등 나의 감각을 통한 명상을 지속적으로 할 수 있도록 한다.

제3장 나는야! 꼬마 예술가

모든 인간은 본능적으로 자기표현의 욕구를 가지고 있으며, 이러한 욕구는 유아기의 새로운 외부 세계에 대한 무한한 호기심으로부터 시작한다. 놀이를 통하여 표현되는 어린이의 본능적인 호기심과 탐구하려는 욕구는 모든 어린이들의 소중한 특성이며 조형활동의 창조적인 태도와 깊은 연관성을 지닌다. 동시에 호기심과 탐구력 그 자체가 예술활동의 주된 소재가 되는 것이다.

미술교육은 어린이 내부에 내재하는 이러한 특성들의 발전을 도모하며 기술이나 결과보다는 창의적인 표현과정활동에 초점을 두어야 한다. 이러한 점에서 유아기의 예술교육은 예술이나 과학 이전의 그러한 것들이 통합된 상태의 예술통합놀이 형태로 이루어져야 한다.

따라서 미술교육은 조형, 음악, 율동, 드라마 등의 다양한 예술활동이 서로 긴밀한 연관을 이루면서 예술통합놀이의 자유로운 표현으로 이끌어지는 것이 바람직하다. 미술 중점의 예술통합놀이는 어린이의 특성인 놀이행위에 조형활동을 비롯한 예술장르를 연계하여 창의적인 표현으로 재구성하는 것을 말한다. 예술활동은 서로 연관이 되고 자유로운 표현과정 자체를 중요시하는 통합예술놀이의 형태인 조형놀이, 극놀이, 음악놀이, 춤놀이 등을 통하여 창작과 발견을 전개하여야 한다(이수경, 1985, 1996, 2017).

1. 예술의 개념과 의의

인간 삶에 있어 예술은 뗄 수 없을 만큼 큰 의미를 갖는다. 인간에게 예술이 갖는 의미는 단순히 아름다움을 추구하는 것 이상이라고 할 수 있다. 예술은 인간의 실존에 대한 이해를 넓히고 규명하며, 인간 개개인과 더불어 공동체의 존재 가치를 드러내고 파악하게 만든다. 이러한 예술적인 표현활동을 통해 인간들은 자신의 삶에 정서적인 안정감과 심미감을 발달시킬 수 있다.

예술(art)이란, 라틴어 아르스(ars), 즉 '조립하다', '고안하다'라는 의미를 가지고 있고, 독일어인 '쿤스트(kunst)', 즉 '알고 있다', '할 수 있다'라는 의미에서 파생된 용어이다. 그 어원을 살펴보면 일정한 목적을 가진 특정한 일을 잘 해낼 수 있는 숙련된 기술을 의미하는 용어이다. 그러나 18세기를 거치면서 일상생활에 유용한 것을 만들기 위한 실용적인 기술이라는 광의의 의미가 아니라 좁은 의미의 예술, 즉 미적 가치의 실현을 목적으로 하는 기술로 그 의미가 국한되기 시작하였다.

예술에 대한 시각은 다양하다. 먼저 예술에 대하여 포괄적인 관점에서 보고 있는 하위징아(1955)는 호모루덴스, 즉 유희하는 인간이라고 주장하면서 놀이에 기초하여 문명과 문화가 발생했다고 보았고, 예술 역시 놀이에서 발생했다고 본다. 또한 Langer(1967)는 예술의 표현적 특성을 강조하면서 인간 감정을 표현하는 형식의 창조가 예술이라고 보았다. 그는 인간 감정을 주제로 표현하는 것이 예술이라고 하였지만, 창조과정에서 지각하고 구성하는 것은 예술의 인지적 영역도 작용한다고 하였다. 따라서 이 두 학자의 관점을 정리하면 예술은 단순한 감정의 표현이나 유희의 형식이 아닌, 세상을 인식하는 본질적인 수단이라고 할 수 있다.

UNESCO(2013)에서는 예술을 미술, 공연, 춤과 같은 창조적 동작의 영역과 관련된 활동과 시각 예술, 미디어아트, 문학 등을 포괄하는 창의적인 표현활동이라고 하였다. 이러한 활동을 통해 자신과 자신이 속해 있는 공동체에 대한 정체성을 형성하며 다양성에 대한 지각을 경험할 수 있다고 하였다. 이처럼 예술은 전인교육의 하나이며 인간의 조화로운 지·덕·체를 발달시켜 줄 수 있다고 그 중요성을 강조하였다.

이처럼 많은 학자들이 예술은 인간의 삶과의 관계에서 지대한 영향을 미친다고 주장하고 있는데 그 공통점을 살펴보면 크게 네 가지로 요약해볼 수 있다. 첫째, 예술은 인간 삶과 깊게 관련되어 있어 예술의 소재는 현실이며 그 현실을 재현하고 재생산한다. 그러나 그 결과물은 현실이 아니며 인간 정서 속에 실재한다. 둘째, 인간의 의도에 의한 활동을 통해 만들어진 아름다운 것을 뜻한다. 셋째, 예술은 형식을 갖는다. 형식을 통해 표현되는 감각적 내용을 타인에게 전달하는 것이다. 넷째, 예술은 인간 정서에 호소하며 카타르시스를 경험하게 된다는 것이다.

예술은 인간에게 있어 다양하고 큰 의미를 갖고 있으며, 인간 삶에 밀접한 관련이 있기 때문에 예술적 경험을 어린이기 때부터 표현할 수 있는 기반을 마련해주고 활성화할 수 있도록 한다면 전인적인 발달과 함께 인간의 삶을 보다 풍요롭게 영위할 수 있기 때문에 예술놀이활동은 매우 중요하다 할 수 있다.

2. 놀이와 예술적 표현

어린이 발달에 있어서 놀이의 중요성을 프뢰벨(Froebel)이 지적한 이후 놀이는 어린이들의 생활인 동시에 일로서 표현되며 놀이의 중요성이 인식되고 있다. 놀이는 단순한 공상의 과정이 아니라 현실적으로 어린이들이 자아를 실현할 수 있는 스스로 선택한 수단으로서, 이를 통하여 이미 알고 있는 세계에서 경험하지 못한 미지의 세계로 향하게 되는 데 그 의의가 있다. 리드(1958)는 놀이란 어린이가 세계를 발견하는 유일한 방법이며 정신적 평정을 가져다줄 수 있는 가장 중요한 행위이고, 이러한 놀이 속에서 어린이들은 내면적인 정신생활의 여러 요소들을 조화롭게 구체화시킬 수 있다고 하였다.

이러한 모든 놀이는 일차적으로 재미있고 자유로운 표현이라는 특성을 지닌다. 이러한 특성은 신체적 행위에서 정신적인 상태까지를 포함한다. 특히 어린이에 있어서 놀이는 가장 자유스러운 형태의 표현이며, 인류학자 및 심리학자들 중에서는 자유로운 표현의 모든 형태를 놀이와 일치시키려는 계속적인 시도가 있다.

실러는 "완전히 인간적인 때 놀이한다."라고 하였으며 역사학자 하위징아(1983)는

"참되고 순수한 놀이 그 자체는 문화의 중요한 기초의 하나이며, 문화에 있어서 최고의 형태는 놀이에 있다."라고 하였다. 이는 놀이행위가 어린이는 물론 어른을 포함한 모든 인간에 있어서 자유스럽고 또 만족스럽게 자기 자신을 드러내 보일 수 있는 표현 형태임을 말하는 것이며, 그 가운데 자신의 정서를 가장 순수하게 표현할 수 있음을 대변하는 것이다. 프뢰벨은 "놀이란 어린이에 있어서 인간성장의 최고의 표현이며, 동시에 모든 단계의 인간생활에 있어서 하나의 유형이며 하나의 반영이다."라고 하였다. 또한 로웬펠드(1987)는 어린이의 놀이를 "자신의 감정적인 생활을 구체화한 표현"으로 인식하였다. 또한 "놀이는 성인의 생활에 있어서 예술에 의하여 행하여지는 기능(행위)을 어린이에게 부여한다."라고 말하고 있는데, 이는 어린이들의 놀이가 자유스럽고 즐거움 속에서의 단순한 자기만족 또는 자기감정의 방출일 뿐 아니라 순화된 자신의 표현행위일 수 있음을 말하는 것이다. 철학자 칸트(Kant)도 "유희적인 행동 속에서 인간의 매우 높은 상상적인 표현을 기대할 수 있다."라고 하였다.

이와 같이 놀이는 예술의 진정한 원천이며 인간은 놀이라는 행위 형태를 통하여 긴장, 환희, 재미를 취할 수 있을 뿐만 아니라, 완전한 자유와 일상생활을 떠난 상태에서 최고 상태의 자기표현이 가능할 수 있다. 특히 어린이는 놀이의 자유스러운 분위기에서 자신을 표현하며 그 속에서 성장해 나가는 것이다.

3. 미술 중점 예술통합놀이의 개념

어린이들은 자신들에게 내재하는 힘을 놀이행위를 통하여 창의적인 표현활동으로써 나타낸다. 이는 상상력과 진실된 자아의 표현인 동시에 그 어린이 자신의 본연의 모습인 것이다.

조형학습과 놀이를 일체화한다는 것은 어린이가 지니는 본래적인 활동인 놀이에 새로운 발상을 고무하여 표현성향을 높이고 조형활동의 기쁨을 유발하는 것을 뜻한다. 그림을 그린다거나 무엇을 만든다는 것은 놀이 속에 있고 자신이 만든 작품을 이용하여 즐거운 놀이로 뒤풀이 해줌으로써 조형학습을 보다 생동감 있는 학습으로 이끌 수 있다.

이러한 예술놀이는 어린이를 이해하고 그들의 창의적인 성장을 촉진하기 위하여 큰 잠재력을 지닌다. 리드(1958)는 그의 저서 『예술을 통한 교육』에서 어린이들의 놀이에 있어서 다양성은 지각, 감각, 직관, 사유라고 하는 4가지의 기본적인 심적 기능에 상응하면서 함께 통합되기도 하고 드라마, 디자인, 무용, 만들기의 4가지 방향으로 각기 발전될 수 있으며, 이 발전의 4가지 면은 교육이 근본적으로 추구해야 하는 방향으로서, 그것들은 어린이들의 놀이 속에서 서로 합쳐져서 조화롭게 발전할 때, 하나의 통일체적인 인격을 형성하게 된다고 하였다. 이와 같이 어린이들의 조형표현을 포함한 예술통합놀이는 놀이에서 출발해 자연스럽게 어린이들의 용기를 배양하고 사물에 대한 관찰의 능력과 표현의 능력을 길러줄 수 있게 된다. 이러한 관점에서 어린이들의 예술통합놀이활동은 무용, 드라마, 조형, 음악 등의 활동 중에서 조형활동을 중심으로 하나 혹은 두 가지 이상의 예술 분야의 활동이 서로 연관성을 지니면서 시행되는 자유롭고 창의적인 표현으로 구성되는 편이 바람직하다 하겠다. 활동은 창의적인 사고 및 행동이 진행되는 것에 초점을 두며, 실시되는 활동영역은 어린이들의 발달수준에 알맞은 창의적인 활동으로 구성되어야 한다. 각 활동의 구성 요소들을 살펴보면, 조형활동은 선·색·형태·질감·디자인 등의 계획으로, 무용은 움직임·공간지각력·힘·시간으로, 드라마는 판토마임·대화체·즉흥극·배역놀이·극화놀이로, 음악은 리듬·멜로디·하모니·템포로 구성된다.

이러한 예술통합놀이는 자신의 생각이나 느낌을 조형작업으로 나타내기 위하여 재료와 도구들을 준비하여 즐겁게 활동하는 표현학습과 주위의 여러 가지 재료의 관찰에서 자유로운 발상을 가능케 하는 관찰학습으로 나눌 수 있다. 전자는 느낀 것이나 생각한 것을 그림 그리거나, 이야기, 간단한 입체작품, 다양한 움직임이나 소리 등으로 창의적으로 표현할 수 있도록 한다. 이때 가능한 한 온몸으로 표현할 수 있는 역동적인 활동으로 이끌며 재료와의 대결, 발상의 변천, 표현의 연구, 친구들과의 협력 등 표현활동에 기반이 되는 것을 전신을 활동시킨 체험을 통하여 배양해 나가도록 한다. 후자는 재료가 지니는 색깔, 형태, 질감, 구조, 소리, 움직임 등에서 표현하고자 하는 것의 생각을 떠올린다. 이는 미술활동에 있어서 종래의 학습처럼 어떻게 할 것인가의 표현과정을 학습시키는 것이 아니라 다양한 재료의 관찰에서 자유로운 발상을 유도하여 창작활동으로 이끄는 놀이가 효과적이라는 데에 그 의의가 있다. 가령 바람 소리, 사자 울음소리, 혹은 다양한 일상생활 소리 등을 들려준다든지, 여러 형태와 색깔의 나뭇잎, 조개껍데기, 헝겊 조각 등의 재료들을 보여줄 수도 있고, 떨어지는 나뭇잎의 움직임, 다양한 동물들의 몸짓 등을 관찰하고 이들 관찰로부터 창의적이고 자유로운 조형표현을 하게 한다.

이때의 표현활동은 가능한 한 음악, 율동, 드라마와 연결되도록 유도하여 통합적인 예술놀이로 발전되게 한다.

이것은 주변 환경 및 사물들을 주의 깊게 관찰하는 태도와 인식하는 시지각을 발달시켜 주며, 다른 예술 활동 분야와도 밀접한 연관을 가져 보다 창의적인 표현력을 길러주며 바람직한 전인교육의 방향을 제시하는 것이 예술통합놀이의 특성이다.

4. 미술 중점 예술통합놀이의 교육적 시사점

예술은 전인교육의 하나로서 인간의 조화로운 지덕체의 발달을 추구한다. 예술이 인간 삶에 미치는 영향은 지대하다. 그 공통적 요소를 찾아보면 첫째, 예술은 인간의 삶과 밀접한 관계를 맺고 있고, 둘째, 인간이 어떤 의도를 가지고 활동을 통해 만들어 낸 것을 의미하며, 셋째, 형식을 갖는다. 마지막으로, 인간의 정서에 호소하여 카타르시스를 경험할 수 있다. 따라서 인간의 삶에서 중요한 예술적 경험을 유아기부터 활성화시켜 경험한다면 전인적인 발달과 함께 풍요로운 인간의 삶을 영위할 수 있기에 예술적 경험을 할 수 있는 예술놀이활동이 중요하다고 할 수 있다.

4차 산업혁명 시대가 시작되면서 전 세계적으로 창의적이고 주도적인 인재를 양성하기 위한 교육에 집중하고 있다. 앞으로 우리가 살아가게 될 사회는 다양한 문화, 가치가 공존할 것이며, 이러한 변화 가득한 사회는 창의성, 상상력, 감성, 소통과 같은 핵심역량을 갖추고 있는 인재를 필요로 할 것이다. 이러한 변화에 맞춰 핵심역량을 키울 수 있는 교육으로 정답이 없는 유일한 영역이자 창의력, 상상력, 회복탄력성,

소통능력을 높여주는 예술교육의 중요성이 강조되고 있다.

창의적, 정서적, 사회적인 목적을 지닌 예술통합교육은 어린이들이 일상생활을 보다 즐겁게 영위하도록 도와주며 그들 자신의 사고 느낌과 창의적인 상상력을 마음껏 펼 수 있도록 도와준다. 또한 그것은 그들이 재료를 다루는 능력과 주위 환경을 개선하려는 의지와 조형적인 디자인에 대한 미적 정서를 고양하며 예술가적인 취향을 기르도록 도와준다. 그러기 위하여 보다 폭넓은 예술통합놀이의 미적 경험 및 어린이다운 자기표현을 중시한다.

이러한 자기표현이란 타인의 강요나 지시 없이 적극적인 자기실천력에서 생겨나는 것이며, 자신의 힘에 의하여 새로운 것을 창조해 내는 활동은 높은 가치를 지닌다. 표현활동은 실천적이며 활동적으로 새로움을 창조하는 것에서 전인적인 활동으로 발전될 수 있다.

이와 같이 자기표현을 중시하는 예술놀이활동이 어린이들에게 미치는 교육적 의의를 살펴보면 다음과 같다. 첫째, 창의적인 자기표현을 통하여 조화로운 인성을 개발한다. 어린이들은 놀이를 통하여 탐사하고 경험하는 기회를 가지고자 하며 그들 자신과 주위 환경에 대한 생각과 느낌을 표현하려 하므로 여러 가지 예술활동은 어린이들의 심리적 욕구를 만족시켜 주며 표현에 대한 즐거움과 자신감을 준다. 둘째, 내면적인 정화의 효과를 지닌다. 어린이들의 어휘는 제한되어 있으므로 욕구불만이나 갈등 등의 내적인 긴장이 표현행위로 정화된다. 셋째, 재료의 관찰을 통한 탐구력 및 조작은 시지각을 예민하게 해주며 지적인 성장을 꾀한다. 창의적인 재료를 선택하고 사용하는 데 있어서 잘 다루는 기술과 새로운 방법을 탐구하는 데에서 지적 성장이 이루어진다고 볼 수 있다. 넷째, 광범위한 미적 경험과 사회적인 성장을 꾀한다. 집단 속에서 재료, 도구, 아이디어를 공유하며 토론하고 양보하는 단체 생활을 배우고 경험하도록 하여 개인의 자제력 및 협동심의 중요성을 인식할 수 있다. 다섯째, 신체적인 발달을 돕고 운동기능의 협응력을 발달시킨다. 선을 긋거나 그림을 그리면서 또는 모형 제작을 통하여 손 근육 및 눈의 협응력을 발달시키며 신체를 움직이거나 즐겁게 놀이하면서 여러 근육의 발달을 돕는다.

즉, 어린이들을 위한 예술놀이활동은 아이의 주도성과 창의적인 표현력을 이끌어

줄 뿐만 아니라 어린이의 내면세계를 성장시키고 전인적 발달의 기초를 제공해 준다고 할 수 있다. 이처럼 어린이기에 경험하는 예술놀이는 일반적인 미술이나 예술활동에 비해 어린이의 몸과 마음을 놀이와 적극적인 소통을 통해 유연하게 만들어주고 나아가 어린이의 삶을 풍요롭게 해준다. 따라서 유아기에 다양한 예술놀이 경험을 제공하여 정답이 없는 예술놀이활동에서 다양성을 경험하고 규제 없이 상상력을 발휘해 다채로움을 즐기는 창의적 인재를 양성할 수 있도록 해야 할 것이다.

5. 숲속에서 즐기는 예술놀이

1) 숲 · 예술 활동과 창의성 및 창의적 표현

숲 체험과 함께하는 예술활동은 오감을 활성화하는 것을 배우게 한다. 아이들은 손으로 만져보고, 눈으로 살펴보며, 귀로 듣고, 냄새 맡고, 맛보고 느낀다. 특히 숲이 가지고 있는 다양성과 경이로움을 체험한다. 숲의 자연적인 환경을 체험하면서 편안함을 느끼고, 숲의 많은 생명체들과의 직접적인 만남은 생명에 대한 소중함을 자극한다.

아이들의 창의성과 창의적 표현은 유아기부터 활발하게 발달하기 시작한다. 어린이들은 주변 환경을 탐색하면서 자신의 신체 부위에 대해 알아가고, 주변 세계에 대한 감각 등을 탐색하며 자신의 문제를 해결하려고 시도한다. 창의성은 아이들이 다양한 문제 해결을 하려는 노력에서 시작되고, 긍정적인 새로운 행동에서 나타나기 시작한다(Gilford, 1952).

Torrance는 아이들의 상상력은 매우 풍부하고, 상상력은 창의성과 밀접한 관계가 있다고 하였다. 특히 숲 · 예술활동을 통해 아이들의 상상력과 창의적인 태도 및 자주성을 격려해주는 것은 창의적인 능력을 촉진한다고 할 수 있다.

예술은 시각 예술을 포함한 드라마, 음악, 무용, 문학 등을 포함한다. 미술을 포함한 다양한 예술활동은 아이들로 하여금 창의성, 독창성, 개성을 표현하게 한다. 특히 미술활동은 상상력이 풍부한 어린이에게 창의력을 향상시키기 위한 훌륭한 매체이며,

어린이의 상상력은 미술활동을 통해 확산될 수 있다. 미술은 발견, 탐구, 실험, 발명을 촉진하는 개방적인 창작활동이라 하겠다. 숲 체험을 통해 자연을 탐색하고 놀이하면서 상상력을 키우고 남과 다르게 독창적으로 표현하는 창의적인 방법을 발견한다. 숲에 산재해 있는 자연 소재들은 제한이 없는 자유로운 소재이므로 자연물과 함께 놀이하는 시간은 확산적인 독창성을 발현하도록 돕고, 관찰하고 문제 해결하며 측정하고 가설 세우는 능력을 길러준다.

숲과 함께하는 예술 명상활동은 어린이의 창의성과 창의적 그림 표현에 긍정적인 효과가 있다. 즉 어린이들이 자연과 교감하고 명상하며, 탐색하고 느낌을 나누는 예술적 경험이 의미 있게 실시될 때 숲속 자연은 획일적이지 않은 개방된 창의적인 교육환경이 될 수 있다.

2) 숲 · 예술 활동과 감성지능

숲 체험과 함께하는 예술활동은 다양한 감각적 경험을 중요시한다. 풍부한 감각체험은 어린이의 풍부한 감성지능을 길러주며, 활성화된 개인적인 경험의 범위를 보다 넓은 사회적인 경험으로 확장하여준다.

감성지능의 개념은 자신과 타인의 정서를 평가하고 표현할 줄 아는 능력, 자신과 타인의 정서를 효과적으로 조절할 줄 아는 능력, 자신의 삶을 개척하고 성취하기 위하여 정서를 활용할 줄 아는 능력이며, 어린이의 감성지능을 촉진하여야 한다는 것을 강조하면서 감성지능은 교육에 의해 증진될 수 있다. Goleman(1995)은 Salovery와 Mayer의 감성지능 구성요소를 정리하여 감성지능을 자기감정인식, 자기감정연구, 자기동기화, 감정이입, 대인관계기술 등 다섯 가지 구성요소로 규정하였다. 즉 감성지능은 개인 자신의 정서적 발달과 타인과의 관계로 확장된 정서적 발달을 의미한다고 할 수 있다.

1986년 스위스에서 처음 시작된 산림학교(Waldschule)는 숲을 감성적으로 지각하는 것에 중점을 두었다. 숲에서 체험하는 자연과의 만남은 신뢰성과 책임 의식을 갖도록 하며, 자연 속에서 경험한 것을 기억하게 함으로써 성인이 되었을 때 자연스러운 행동을 가르칠 수 있고, 숲속에서 보낸 어린 시점의 기억은 산림 황폐 등 환경문제에 대한 관심을 갖게 할 뿐 아니라 어린이의 오감 및 감성을 활성화시킨다고 할 수 있다. 즉, 숲 체험활동은 적응행동을 도와 환경에 대한 독립적 적응능력을 길러주며 심미감을 길러주고, 인지적 성장을 가능케 한다.

특히 숲에서 만난 자연물들은 풍부한 대화 내용을 제공하여 의사소통 '기술을 발달시키며, 넓은 공간에서 오감을 활용하는' 다양한 경험을 통해 감각운동 발달에 도움을 준다. 특히 자신 이외의 생명체나 사물에 대한 관심과 돌보고자 하는 욕구를 숲 체험활동을 통해 경험할 수 있으므로 사회・정서 발달에도 효과적이라고 할 수 있다. 이와 같이 숲, 자연은 어린이를 어린이답게 길러낼 수 있는 가장 훌륭한 공간이고 우리 내부의 숨겨진 감성을 일깨우고 생명의 소중함을 깨닫게 하며, 온갖 생명을 차등 없이 사랑할 수 있는 방법을 알려주는 곳이라고 할 수 있다. 숲 체험활동은 어린이의 감성지능과 생명존중 인식에 긍정적인 영향을 미치고, 어린이의 감성지능을 향상시키며, 또 숲을 활용한 통합교육프로그램은 어린이의 정서지능 향상에도 긍정적인 영향을 미친다는 것이 다양한 연구를 통해 검증되었다. 이처럼 숲 체험은 어린이의 자아개념 발달에 효과가 있으며, 식물과의 상호작용이 많을수록 어린이의 감성지능이 높아진다. 따라서 숲 체험 활동은 오감을 통해 느끼고 반응하며, 어린이의 감성지능 및 감성 발달과 밀접한 관련성을 갖는다고 볼 수 있다.

3) 숲 체험과 함께한 예술놀이 프로그램

〈숲・예술・창의 연구소에서 지역사회 어린이들을 위한 숲・예술 놀이학교 운영〉

본 연구는 어린이 중심의 어린이교육철학을 바탕으로 하여 어린이들의 생각을 적극 반영한 프로그램으로 진행하였다. 교사가 숲 체험 및 예술 활동 프로그램을 구체적으로 구성하여 제시하기보다는 어린이들이 활동을 하면서 자연스럽게 호기심과 관심이 집중되는 놀이로 프로그램을 진행하고자 하였다. 숲 체험 및 예술놀이를 하는 과정에서 떠오르는 생각들과 하고 싶은 활동 계획에 대한 이야기를 교사나 친구들과 함께 충분히 나누어 다음 활동 전개에 좀 더 깊이를 더하고자 하였다.

총 3차에 걸쳐 진행된 연구소 프로그램을 소개하면 다음과 같다. 각각의 프로그램은 총 16회기씩 진행되었으며 3차례에 걸쳐 진행된 프로그램을 종합하면 본 프로그램은 총 48회 차로 구성되어 있다(이소정, 이수경, 2020, 2021).

① 프로그램 구성

제1차 숲 체험과 함께한 예술놀이활동 프로그램안(16회기)

회기	주제	숲 체험과 함께한 예술놀이활동
1	숲	• 숲을 탐색하며 온몸의 긴장 풀기 • 숲 명상놀이: 처음 만나는 숲과의 교감명상놀이 • 자연물(나무)로 만드는 작품: 스피너, 악기 • 그룹활동: 숲에서 느낀 것을 자유롭게 표현하기(다양한 재료)
2	우리는 하나 (숲/나)	• 자연미술 구성하기 • 명상놀이: 바람에 집중하고 교감 나누기 • 우리들의 비밀 공간 구성하기 • 자연 친구와 함께하는 신체표현 • 나만의 관찰일지(내가 발견한 식물) • 숲속에 있는 나: 콜라주(공동작품) • 내 몸을 탐험해요!(토론활동 후 작품활동)
3	나무	• 자연 탐색하기(나무껍질, 나무 기둥, 나무뿌리, 나뭇가지, 나뭇잎 등) • 나무 교감명상/체조 - 나무와 함께해요 • 나무껍질, 여러 가지 나뭇잎의 모양 비교 탐색하기 • 우리들이 만드는 숲 놀이 • 나의 나무 선정 후, 관찰하고 그림으로 표현(수묵화)/나무껍질 프로타주 • 숲속 친구들(찰흙 공동 디오라마)
4	태양	• 태양은 내 친구! - 태양을 느껴요 • 태양과 함께하는 조형물 만들기(자연물을 활용한 협동작품) • 태양의 느낌(자연미술) • 그림자는 태양의 짝꿍! • 빛으로 만들어지는 색 관찰하기(셀로판지) • 검은색 사포에 표현하는 나만의 빛
5	나뭇잎	• 나뭇잎 백과 만들기 • 가을명상: 나뭇잎의 변화 느끼기 • 나의 나무 그리기(매주 변화하는 나의 나무 관찰하기)

회기	주제	숲 체험과 함께한 예술놀이활동
		• 나의 나무 관찰 후 소개 및 감상하기 • 자연물 모빌 만들기
6	색	• 자연 속에서 다양한 색 찾기 • 타일: 색에 대한 느낌 표현하기 • 색깔 명상놀이 • 공동작품 구성하기: "마법의 손도장" • 내 마음을 채우고 있는 색은? • 단풍잎으로 구성하는 자연미술놀이
7	물/ 하늘	• 명상: 숲에서 하늘 느끼기, 다양한 구름 관찰하고 소개하기 • 다양한 구름 모양을 담은 흙 그림 그리기 • 호수 관찰하기/호수를 바라보며 물의 기운 느끼기 • 우리가 살고 있는 지구에 물이 없다면?(토론 후 표현활동) • 물과 하늘, 숲이 함께하는 우리들의 숲 탐험 지도 그리기
8	자연 속 미술관 나들이 (즐거운 소풍)	• 솔거 미술관 나들이(워크시트지 활용하기) • 미술관의 작품 감상 후 표상하기 • 화가 선생님의 작품 속에 담긴 이야기 관찰 후, 친구들과 공유하기 • 비눗방울 명상놀이 • 공룡박물관에서 공룡 관찰 후 친구들과 공유하기(신체표현활동)
9	자연물	• 자연물 건축놀이 • 나뭇가지가 함께하는 다양한 그림놀이 • 숨은그림찾기: 퀴즈 속 자연물 찾기 • 숲에 대한 생각을 담아 표현해요 - 사랑의 메시지 • 족자 작품활동: 신비한 우리 숲 • 낙관을 찍어 나의 작품 소개하기
10	곤충과 동물1	• 걷기 명상놀이: 숲속 곤충과 동물들이 사는 땅의 기운을 느껴요. • 우리들의 곤충마을(첫 번째) • 거미 관찰 후 거미줄 세상(공동작품) • 곤충과 동물들을 위하는 나의 마음(캔버스화)
11	곤충과 동물2	• 우리들의 곤충마을(두 번째) • 새롭게 발견한 곤충 관찰하기 • 곤충들의 이름과 생김새 알아보기 • 새롭게 발견한 곤충들에게 전하는 사랑의 메시지 • 소중한 곤충 마을을 지키는 멋진 수호신 만들기 • 공동 디오라마(찰흙): 숲속 마을 • 다양한 곤충들 신체표현하기
12	바람	• 바람 명상놀이: 살랑살랑 깃털 명상

회기	주제	숲 체험과 함께한 예술놀이활동
		• 바람 춤 놀이 • 숲의 소리를 자연미술로 표현해요 • 다양한 리듬의 소리를 자연물로 만들어 녹음해요 • 겨울을 견디는 숲속 친구들에게 사랑의 마음 전하기 • 숲에서 들리는 소리를 신체로 표현하기 • 깃털과 함께 느낀 바람을 다양하게 표현해보기(깃털을 활용한 작품) • 바람의 느낌 소개하기
13	자연과 나는 친구	• 사랑 메시지: 여러 모양의 사랑(자연물 활용) • 숲속 친구들에게 나만의 방법으로 사랑을 전해요. • 여러 가지 모양과 크기의 상자에 자유롭게 숲을 표현하기
14	겨울을 준비하는 숲	• 겨울을 맞이하는 숲은 어떤 모습일까? • 추운 겨울에 숲은 무엇이 필요할까? • 겨울 숲에서 주는 선물: 자연미술 • 자연 보호 캠페인: 숲 지킴이 탑 만들기(재활용품 이용한 활동)
15	전시회	• 우리들이 꾸미는 작은 전시회 • 부모님 초청하여 전시회 관람 및 감상한 느낌 함께 나누기 • 부모님과 아이들이 나누는 칭찬과 사랑 이야기
16	다음에 또 만나요!	• 우리들의 숲과 사랑의 인사 나누기/사랑의 메시지 전하기 • 숲 놀이 계획하여 친구들과 함께 실행하기 • 자랑스러운 숲 탐험가를 위한 파티 • 숲 탐험을 함께한 친구들에게 전하는 사랑 • 16주 동안의 프로그램을 마무리하며...

제2차 숲 체험과 함께한 예술놀이활동 프로그램안(16회기)

회기	주제	숲 체험과 함께한 예술놀이활동
1	숲은 내 친구!	• 숲을 탐색하기/온몸의 긴장을 완화하기 • 봄을 만난 숲과 함께 교감하기: 흙, 자연물, 하늘 등과 교감 나누기 • 숲과 함께하는 놀이 계획하여 실행하기(소그룹별) • 자연물을 이용한 작품 구성하기: 도토리 저장고, 모빌, 구슬놀이길 등 • 자연과 함께하는 신체활동: 그네 타기, 중심 잡기, 온몸 깨우기 등
2	우리는 하나 "우연한 발견 - 백로를 발견했어요!"	• 숲과 도란도란 이야기 나누기 • 우리들의 재미있는 공간 계획하여 구성하기(비밀공간) • 대지미술 구성하기 • 나무와 함께 신체표현하기 • 백로 서식지 관찰하기 • 우리들이 꾸미는 백로 둥지(말랑말랑 점토와 자연물 활용)

회기	주제	숲 체험과 함께한 예술놀이활동
		• 명상놀이: 비눗방울에 백로에게 주고 싶은 선물 담아 보내기
3	숲 놀이/ 자연에서 발견한 색깔	• 자연과 교감하기: 몸과 마음으로 자연 느끼기/나무와 함께하는 체조 • 비가 와서 흐트러진 숲 공간 정리하기 • 우리들이 계획하는 자연물 놀이 : 숲속 친구들에게 전하는 선물 (자연물을 활용한 대형 도넛 만들기), 솔방울 축구, 자연물 숨바꼭질, 숲속 동물들의 휴식공간 꾸미기 등 • 숲에서 내가 찾은 색깔! • 수묵으로 표현하는 자연(자유롭게 표현하기, 한국화와 친해지기)
4	자연과 친해지기	• 숲에서 만나는 자연물 관찰하여 그룹별 퀴즈놀이 • 자연물 수집하여 작품으로 구성하기 : 숲속 나라에 필요한 물건 만들기 • 숲 마을 곤충들이 살고 있는 본부 구성하기 • 자연의 소중함을 표현해요
5	자연과 함께하며 발견한 우리의 소중함	• 숲속 나라를 구성하면서 함께하는 소중함을 발견 : 협동하여 함께 작품 구성하기 • 친구와 함께하는 교감명상놀이: 감사함 표현하기, 사랑 전달하기 등 • 나무에 그려보는 우리들의 세상 • 나의 작품 소개하기
6	"봄"을 입은 숲 I	• 자연을 구성하고 있는 다양한 봄의 색 찾기 • 색에 대한 나의 느낌 표현하기: 색깔 명상놀이 • 우리 숲을 찾은 곤충과 벌레 탐색하기 • 다른 지역에 발생한 산불에 대한 이야기 나누기 : 다른 지역의 산에 살고 있는 동물들이 오늘 우리 숲으로 올 거예요! • 우리가 산에 살고 있는 동물, 곤충, 벌레, 식물 친구들을 위해 할 수 있는 것에 대해 토의한 후, 실천하기 • 나무를 지켜요!(나만의 나무 정하여 친구 하기 - 한국화로 표현)
7	"봄"을 입은 숲 II	• 자연과 함께하는 명상: 하늘 느끼기, 나무와 교감하기 등 • 봄꽃 발견하여 표현하기 • 흙 그림 그리기 "내가 발견한 꽃, 곤충" • 도움의 손길 발견, 감사한 마음 보내기 (우리들이 만든 곤충들의 놀이터가 비에 떠내려가지 않도록 지나가던 등산객이 지지대를 만들어 주었음을 발견한 후, 감사하는 마음을 전했어요) • 자연과 함께할 수 있는 게임 계획하여 친구들과 함께 해보기 • 봄을 만난 자연에게 전하는 사랑의 메시지(모빌로 구성하기)
8	물과 흙	• 동물, 곤충들을 위한 공간 확장하기

회기	주제	숲 체험과 함께한 예술놀이활동
		• 흙과 물을 활용한 놀이 계획하여 실행하기 : 흙그림 그리기, 흙반죽놀이, 물그림 그리기, 물이 지나는 길 만들기, 흙과 물이 만났을 때 변화 관찰하기 등 • 자연물 수집: 나뭇가지, 나무껍질 • 수집한 자연물을 이용한 캔버스 입체작품 구성하기 "내가 꾸미는 미리 자연 세상"
9	자연 속에서 만난 문화재 (봄 소풍)	• 태종무열왕릉으로 떠나는 봄 소풍! • 자연 속에서 문화재를 발견해요(귀부, 비석, 다양한 문양 등) • 문화재와 함께하는 자연 탐색하기(커다란 나무뿌리, 백일홍, 민들레 홀씨, 제비꽃, 파란 하늘, 하얀 구름, 초록빛 세상 등) • 우리들의 경험과 추억을 기록해요 (워크북에 내가 만난 자연 표현하기)
10	숲에서 만난 우리 친구 "곤충과 동물"	• 걷기 명상놀이: 곤충과 동물들이 사는 땅을 느껴요. • 우리들이 만난 곤충과 동물에 대해 탐색하고 이야기 나누기 • 우리들이 꾸미는 곤충마을, 동물마을 • 시청각자료를 통해 우리들이 만난 곤충과 동물을 탐색하기 • 숲속 곤충과 동물을 다양한 재료를 이용하여 표현하기 : 곤충, 동물들의 아파트, 거미줄 러그 등
11	바람과 하늘	• 춤추는 나뭇잎을 발견했어요. • 나뭇잎을 춤추게 하는 바람 관찰하기 • 바람 명상: 바람과 내 피부가 만났을 때의 느낌 • 바람의 색깔은? 바람은 어떤 이야기를 속삭일까? • 신체표현: 내가 느끼는 바람의 종류 • 내가 생각하는 바람의 모양과 색 표현하기(투명필름) • 우리가 소중하게 생각하는 숲을 지키는 수호신의 모습은 어떠할까?(찰흙) • 우리들의 숲속 마을 지도 구성하기
12	비	• 빗소리 명상 • 비를 느껴본 후, 친구들과 이야기 나누기 • 신체활동: 다양한 비의 종류를 온몸으로 표현해요. • 숲을 사랑하는 마음으로 숲 지킴이가 된 나를 관찰하여 표현해요 (자화상 그리기) • 한국화: 내가 경험한 자연의 최고의 순간
13	우리들이 꾸미는 숲속 마을 최종 완성하기	• 자연미술 구성하기 • 우리 숲을 채우고 있는 다양한 나뭇잎 관찰하기 • 떨어진 나뭇잎을 수집하여 프로타주놀이하기 • 프로타주를 활용한 작품 구성하기

회기	주제	숲 체험과 함께한 예술놀이활동
14	나는 멋진 숲 탐험가이자 숲 지킴이	• 비바람에 부서진 숲속 마을 보수하기 • 숲 탐험을 통해 만난 숲속 친구들과 함께 인사 나누기 • 숲을 사랑하자(캠페인활동)
15	전시회	• 우리들이 꾸미는 작은 전시회 • 가족과 함께 전시회 관람하기/소감 나누기 • 부모님과 아이들이 나누는 사랑과 칭찬 이야기
16	다음에 또 만나요!	• 정든 숲과 함께 인사 나누기 • 자연 놀이 친구들과 함께 계획하여 실행하기 • 자연 친구들 안아주기 • 숲 탐험가를 위한 파티 • 탐험가 친구들과 나누는 사랑

제3차 숲 체험과 함께한 예술놀이활동 프로그램안(16회기)

회기	주제	숲 체험과 함께한 예술놀이활동
1	비 오는 숲과의 첫 만남	• 숲아! 반가워: 비 오는 숲과 인사하기 • 비가 오는 숲과 함께하는 교감 (비 오는 소리, 온몸으로 느끼는 비, 자연과 비 관찰하기 등) • 친구들아 반가워!: 친구들과 인사 나누기 • 찰흙으로 만드는 작품: 찰흙 탐색하기, 다양한 재료 이용하여 꾸미기 • 숲과의 추억을 담을 나의 스케치북 꾸미기
2	우리가 계획하는 숲 놀이	• 방학 동안 숲은 어떻게 변했는지 탐색하기 • 숲 놀이 관심 주제가 비슷한 그룹별로 모여 활동하기 (건축, 게임, 곤충, 패턴, 색깔 등) • 짚끈, 종이끈을 활용한 놀이 • 숲에 관련된 브레인스토밍(그룹별) • 숲속 마을 디오라마 구성하기
3	태풍이 지나간 숲 탐험	• 비바람이 가득한 태풍이 지나간 숲을 탐험하기 위한 우리들의 약속 • 슬기롭게 안전하게 숲을 탐험하기 위한 방법에 대한 이야기 나누기 • 미끄러운 흙을 만났을 때, 물웅덩이를 잘 건너는 방법, 오르막길과 내리막길에서 조심해야 할 것 등에 대한 경험하기 • 비바람이 지나간 숲의 변화를 관찰하고 서로 의견을 나눈 후, 숲을 위한 일 계획하여 실행하기 • 입김으로 바람을 일으켜 먹물 그림 그리기
4	숲 놀이터	• 숲 놀이터로 이동하는 산행을 통해 우리 숲 탐색하기 • 숲 놀이터에는 어떤 공간들이 있을까? • 우리들의 안전을 위한 약속 정하기

회기	주제	숲 체험과 함께한 예술놀이활동
		• 모든 공간을 신나게 탐색하고 즐기기 • 나무 그네, 밧줄 타기, 그물 오르내리기, 나무 구름사다리, 흙오름, 흙놀이, 나무토막 중심 잡기 등 다양한 숲 놀이터 놀이활동 경험하기 • 한국화로 표현하는 내가 발견한 나무와 숲
5	우리는 하나 I	• 자연물을 활용한 자연 미술 구성하기 : 우리들이 구성할 작품에 대한 토의 : 친구와 함께 힘을 모아 쓰러진 나무 옮기기 : 다양한 재료를 이용한 작품구성활동 : 끈의 활용성 발견 - 끈을 이용하여 다양한 작품활동하기 • 다양한 끈을 이용한 예술놀이활동
6	우리는 하나 II	• 자연물을 활용한 건축놀이 : 우리들의 숲 공간에 짓고 싶은 건축물에 대한 토의 : 친구들과 함께 필요한 재료를 수집하기(협력) : 흙그림으로 설계도 그리기 : 설계도를 기반으로 하여 건축물 구성하기 : 우리 팀이 지은 건축물에 대한 소개하기
7	대릉원의 자연과 함께하는 소풍 (연장수업 - 2회기분)	• 숲에서 함께하는 명상놀이: 하늘 느끼기, 구름 관찰하기, 구름 표현하기, 내 몸을 스치는 바람 느끼기, 따사로운 햇살의 기운 느끼기 • 우리나라의 다양한 문화재에 관심 가지고 탐색하며 궁금증 해결하기 • 워크시트지 기록하기 • 우리들이 발견한 자연: 다양한 나무, 꽃, 곤충 등 • 자연에서 함께하는 게임(우리는 소중한 인연!) : 친구를 응원하고 격려하는 경험 나누기
8	가을을 만난 숲	• 가을을 만난 숲의 변화 탐색하기 • 낙엽의 색깔을 관찰하고 나뭇잎 폭죽 만들기 : 자연에게 전하는 메시지를 전달하며 폭죽 터트리기 • 자연물을 활용한 게임을 설계하고 친구들과 함께 경험해보기 • 낙엽을 수집하여 나의 모습 꾸미기(콜라주) • 숲 공간 곳곳에 숲을 지키는 캠페인 문구 전시하기
9	알록달록 숲	• 단풍이 들어 형형색색 옷을 입은 자연을 관찰하고 느낌 나누기 • 가을이 지나면 다가올 겨울을 위해 특별한 숲 공간 꾸미기 • 한지염색: 알록달록 숲을 색으로 표현해요 • 지점토 공예: 우리들이 경험하는 숲을 표현해요 (숲 메시지 담아보기)
10	우리들이 꾸미는 숲 비밀기지	• 관심주제가 같은 친구들끼리 모여 숲 비밀기지의 특별한 공간 꾸미기 • 공간의 이름을 정해 팻말 구성하기 • 신체표현: 직접 곤충과 동물이 되어 비밀기지 탐방하기

회기	주제	숲 체험과 함께한 예술놀이활동
	I	• 비밀기지를 다녀온 느낌 나누기 • 자연에서 온 선물을 이용하여 만들기 : 곡식을 이용한 목걸이 마라카스
11	우리들이 꾸미는 숲 비밀기지 II	• 숲 비밀기지로 가는 길 만들기 (길을 만들기 위한 솔잎 빗자루 만들기) • 숲 비밀기지 이용수칙 만들기 • 숲 비밀기지에서는 어떤 일들이 일어날까? • 숲을 지키기 위한 캠페인 활동: 숲 사랑 메시지를 담아 예술놀이활동 "자연" 하면 떠오르는 그림 브레인스토밍, 투명 아크릴판에 표현하는 가을을 담은 자연(물감놀이)
12	자연과 함께하는 게임 "자연과 나는 친구"	• 자연물을 활용한 재미있는 게임 계획하여 친구들과 함께 하기 : 나무림보, 자연물 반환점 돌아오기, 끈으로 만든 게임 등 • 나만의 병풍 꾸미기(한국화로 표현하는 자연) • 찰흙으로 구성하는 자연 디오라마 - 자연물 활용하기(공동작품)
13	재미있는 숲 놀이	• 자연물로 구성하는 사랑 표현놀이 • 자연물을 이용하여 함께 할 수 있는 다양한 놀이 : 솔방울 옮겨 담기 놀이, 돌탑 쌓기, 나뭇가지 길게 이어보기, 솔방울 모빌 길게 만들기, 흙그림 이어그리기, 나뭇잎으로 다양한 예술작품 꾸미기, 솔방울 굴리기, 솔방울 치기(구슬치기) 등 • 숲속 친구들에게 사랑을 전해요. • 자연에게 전하는 메시지를 담아 다양한 방법으로 데칼코마니 구성하기
14	숲과 인사해요 "다음에 또 만나요!"	• 겨울 숲속에서는 어떤 일이 벌어지고 있을까? • 추운 겨울 숲에게 필요한 건 무엇일까? • 겨울 숲에게 주는 선물: 자연미술 • 숲과 함께 교감 나누기 • 숲 탐험가를 위한 특별한 선물 • 함께한 탐험가 친구들에게 전하는 사랑
15	전시회	• 우리들이 꾸미는 특별한 전시회 • 가족들과 함께하는 전시회 둘러보기/작품 소개 및 느낌 나누기 • 부모님과 아이들이 특별한 추억 만들기

4) 숲 · 예술 창의 놀이학교 사례(2018~2019)

숲 · 예술 · 창의 놀이학교는 아동 중심의 교육철학을 바탕으로 하여 아동의 생각을 적극적으로 반영하여 숲 · 예술 · 창의 프로그램을 구성 및 운영하였다. 어린이들이 다양한 놀이를 계획하고 실행하면서 관심을 가지게 되는 주제로 프로젝트 활동이 이루어지며 이를 통해 창의력과 감성이 증진된다. 프로그램이 깊이 있게 잘 이루어질 수 있도록 교사와 어린이들은 충분히 소통할 수 있도록 하였다.

(1) 숲 · 예술 창의 놀이학교 숲 체험 활동

◉ 숲과 만남

• 처음 만나는 숲과 인사한 후, 온몸의 긴장을 풀고 적극적으로 숲을 탐색한다.

• 처음 숲과 마주한 어린이들은 다양한 모습들을 보였다. 자연 속에서 발견한 나무와 식물, 곤충을 관찰할 때 오감을 통해 적극적으로 관찰하는 어린이가 있는가 하면, 자연을 탐색할 때 손으로 직접 만지는 것을 망설이는 어린이도 발견할 수 있었다. 하지만 모든 아이들이 신기하고 호기심 가득한 눈빛으로 즐거워하고 있었다. 서로 도움을 주고받으며 자연과 친해지는 모습들을 볼 수 있었다.
• 숲과 교감명상놀이: 오늘 처음 마주한 숲에서 가장 마음에 드는 나무 또는 식물을 한 가지씩 선정하여 나의 보물이라고 이름을 붙여준 후, 오늘 숲을 만난 느낌을 이야기하기도 하고 꼭 안아주며 사랑을 속삭이기도 하면서 교감을 나누는 명상놀이를 하였다. 어린이들은 숲에서 내려오기 전 자신의 보물 친구에게 다가가 헤어짐의 인사를 하기도 하였다.

◉ 숲에 대한 생각 모으기

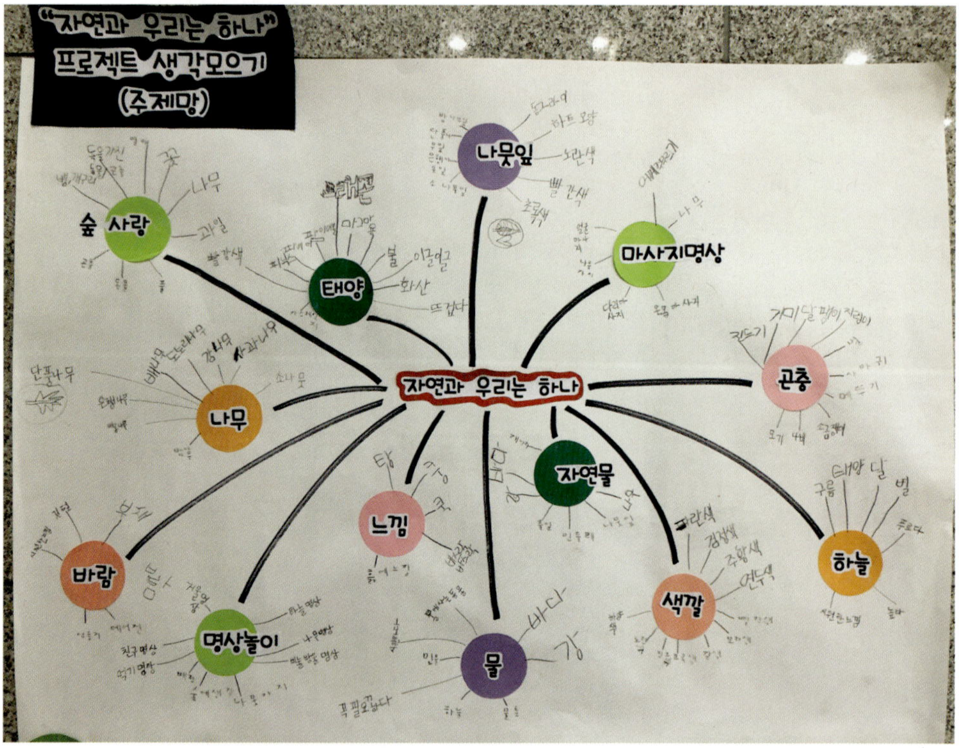

숲 하면 떠오르는 것들에 대한 브레인스토밍을 통해 숲을 구성하고 있는 다양한 요소들에 관심을 가진다. 우리가 숲에서 볼 수 있는 것들에 대해 알아보고 첫 산책을 통해 만난

것들에 대해 이야기를 나누어본다. 또 자연에서 만나는 요소들을 이용하여 하고 싶은 활동들도 계획해 보면서 숲에 대한 기대감을 향상시킨다.

◉ 처음 만난 숲의 느낌을 표현해요.

- 아이들은 그룹별로 앉아서 오늘 숲에서 있었던 이야기를 하면서 기억을 떠올려본 후, 가장 재미있었던 순간을 정했다. 그리고 어떤 방법으로 작품을 구성할지 생각하여 재료를 선정하였다. (숲 · 예술 · 창의 놀이 학교에는 다양한 재료들이 준비되어 있고 아이들이 필요에 따라 재료를 선정해서 사용할 수 있도록 하고 있다.)
- 작품을 구성하는 동안에도 숲에서 있었던 이야기를 하면서 즐거워하는 아이들의 모습을 보면서 교사들 또한 흐뭇해하였다.
- 예술 작품 구성하는 것을 어려워하는 어린이들이 있으면, 교사는 아이가 오늘 숲에서 한 활동을 구체적으로 떠올릴 수 있도록 여러 가지 발문을 하면서 대화를 나누었다. 구체적으로 오늘의 기억을 떠올리면 어떤 순간이 가장 재미있었는지 스스로 정리할 수 있는 모습을 볼 수 있었다. 그리고 예술에는 정답이 없다는 것을 이야기해주어 아이가 편안한 마음으로 예술놀이를 할 수 있도록 지원하였다.

◉ 우리들이 만든 숲 놀이

- 숲과 친근해진 어린이들과 우리가 숲에서 할 수 있는 놀이에는 어떤 것들이 있을지에 대해 이야기를 나누었다. 어린이들은 어른이 생각하지 못한 다양한 아이디어를 이야기

해주었다. 자연물을 이용한 만들기(도토리 저장고, 곤충들을 위한 모빌, 비가 오면 비를 저장할 수 있는 댐, 동물들이 목욕할 수 있는 사우나실, 곤충들이 쉬었다 갈 수 있는 곤충 호텔 등), 나무 그네 만들어 타기, 잘린 나무 기둥 위에서 오래 버티기, 멀리 있는 나뭇가지 맞히기, 멀리뛰기, 숨바꼭질, 무궁화 꽃이 피었습니다 등을 이야기하였다. 그리하여 우리는 직접 숲 놀이를 만들어 보기로 하였다.

〈나뭇가지로 놀기〉

- 한 아이가 나뭇가지를 가지고 와서 땅에 꽂고는 힘차게 돌렸다. "우와! 땅이 파인다."라는 소리와 함께 친구들이 하나둘씩 모여들기 시작하였다. 다른 아이들도 함께 나뭇가지를 이용하여 땅을 파기 시작하였다. 놀이는 갑자기 "누가 누가 더 깊이 땅을 파나?"로 진행되었다. 아이들은 힘들지도 않은지 웃으면서 오랜 시간 힘차게 땅을 파는 모습을 보였다. 그때 한 아이가 "근데 이러다 불도 피울 수 있는 거 아니야?" 하더니 주위에서 돌을 찾아와 돌 위에서 나뭇가지를 비비기 시작하였다. 다른 친구들도 함께 불을 피우기 위한 놀이에 동참하였다. 그리하여 놀이는 "누가 빨리 불을 피우나?"로 진행되었다. 물론 불을 피우지는 못했지만 불을 피울 수도 있을 거라는 기대감에 즐거워하며 놀이에 몰입하는 어린이들이 정말 인상 깊었다.

〈나뭇잎으로 그림 그리기-대지미술〉

- 숲을 탐색하던 중, 시들지 않은 건강한 나뭇잎이 한 아름 바닥에 떨어져 있는 것을 발견하였다. 한 아이가 소중하게 나뭇잎을 들고 자신만의 공간으로 가더니 나뭇잎으로 그림을 그리기 시작하였다. "나는 나뭇잎 물고기를 만들 거야!" 하며 물고기를 만들자 다른 친구들도 이 놀이에 합류하였다. 그리하여 나뭇잎을 이용한 그림 그리기 놀이가 진행되었다. 물고기, 꽃, 사자, 친구 얼굴, 해님 등 다양한 작품들이 나왔고, 작품을 완성한 친구들은 교사에게 작품을 찍어달라고 요청하였다.
- 나뭇잎을 들고 온 다른 친구는 나무껍질 사이에 나뭇잎 하나를 꽂으면서 "어! 꽂힌다. 선생님! 여기 나뭇잎을 꽂았는데 정말 떨어지지 않아요"라고 이야기하며 신기하다는 듯 다른 나뭇잎을 또 하나 더 꽂았다. 옆에서 바라보고 있던 친구들이 모여서 함께 나무껍질에 나뭇잎을 꽂기 시작하였다. "야! 나뭇잎을 꽂으니까 진짜 나뭇잎이 자라고 있는 나무가 된 것 같아"라며 작품에 대한 애정을 표현하였다.

〈곤충 관찰하며 따라다니기〉

• 나무를 관찰하던 중, 나무껍질 사이로 기어다니는 개미 떼를 발견하게 되었다. 아이들은 많은 개미들이 줄지어 가는 것을 관찰하며 흥분하며 좋아하였다. 다른 친구들을 불러서 함께 관찰하기도 하고 어디로 가는지 궁금해하며 집중해서 살펴보기도 하였다. 단순히 개미 떼를 관찰하는 놀이인데도 개미의 작은 움직임 하나에도 즐거워하며 좋아하는 아이들을 보면서 아이들에게 놀이는 정말 쉽게 다가갈 수 있는 것이라는 것을 다시 한번 느끼게 되었다.

〈솔잎으로 작품 만들기〉

• 가을에 만난 숲은 바닥에 솔잎들이 많이 깔려 있어서 푹신하였다. 소나무들이 많이 있는 숲이어서 솔잎은 흔히 만날 수 있는 자연물이었다.
• 한 아이가 숲길을 걸어 다니면서 발로 솔잎을 걷어내며 길을 만들고 있었다. 솔잎이 움직이면서 길이 만들어지자 흥미가 생겨 이제는 손을 이용하여 솔잎으로 작품을 구성하기 시작하였다. 손쉽게 내가 원하는 형태의 작품이 나오자 친구들을 불러모으기 시작하였다. 나뭇가지를 이용하여 솔잎을 모으는 아이, 발로 솔잎에 그림을 그리는 아이, 친구들과 함께 협동하여 작품을 구성하는 아이 등 다양한 방법으로 작품을 구성하였다.

〈나뭇가지로 글자 만들기 및 그림 그리기〉

• 주변에서 발견할 수 있는 나뭇가지를 이용한 놀이들은 아이들에게 정말 친근한 놀이이다. 한 아이가 나뭇가지를 여러 개 수집하여 글자놀이를 하고 있었다. 자신이 만든 나뭇가지 글자를 친구에게 맞혀보라고 퀴즈를 냈다. 자연스럽게 옆을 지나던 아이가 퀴즈에 관심을 보였고 퀴즈를 맞혔다. 그러고는 퀴즈를 맞힌 친구가 이제는 퀴즈를 출제하였다. 그렇게 몇 번의 퀴즈가 오고 가는 모습을 발견할 수 있었다.
• 글자 만들기 놀이가 종료될 즈음, 나뭇가지를 이용하여 바닥에 그림을 그리고 자신이 그린 그림을 친구들에게 맞혀보라고 이야기하는 친구가 있었다. 그리하여 놀이는 자연스럽게 확장되었다.

〈자연물 숨바꼭질〉

• 자연물을 이용하여 숨바꼭질을 하였다. 평소 숨바꼭질을 좋아하던 아이들은 숲에서도 숨바꼭질을 즐겨 하였다. 그러던 중, 사람들이 숨는 놀이 말고 자연물을 숨기고 찾는 숨바꼭질을 하자고 제안하였고, 모든 아이들은 놀이 방법에 대해 의논하기 시작하였다. 놀이 규칙을 정한 후, 놀이를 진행했는데 아이들이 직접 정한 놀이여서 반응도 아주 좋았다. 자연물을 숨기고 찾으면서 숲 곳곳을 살펴볼 수 있어서 더욱 좋았던 것 같다.

〈양팔 벌려 바람을 온몸으로 느끼기-새가 되어보기〉

• 숲과 나는 함께 공존한다는 것을 이해하고 숲에서 불어오는 바람을 온전히 온몸으로 느껴보았다. 숲을 산책하던 중, 아이들은 덥다고 이야기하였고 바람이 내 몸에 닿기 위해서는 어떤 방법이 있는지 이야기를 나누었다. 아이들은 달리면 바람을 느낄 수 있다고 하였고, 이내 두 팔 벌려 숲길을 달려보았다. 시원하다며 웃는 친구들이 생겨나니까 많은 친구들이 바람 느끼며 달리기 놀이에 함께하게 되었다.

〈숲에서 함께 하는 단체놀이〉

• 숲에서 모두가 함께 하는 놀이도 하였다. '그대로 멈춰라', '둥글게 둥글게', '짝 짓기', '미션놀이', '얼음땡' 등 많은 인원이 함께 할 수 있는 놀이를 진행하여 서로 친밀감을 느끼고 라포 형성하는 시간을 가졌다. 넓은 공간에서 함께하는 놀이는 정말 인기가 많았다. 특히 바닥이 푹신한 잔디로 되어 있어서 아이들도 부담 없이 놀이를 즐길 수 있어서 좋았다. 처음에는 '둥글게 둥글게'로 시작했는데 아이들이 아이디어를 하나씩 제시하여 놀이가 점점 확장되었다. 아이들의 이야기에 귀를 기울이면 재미있는 놀이가 순식간에 쏟아져 나옴을 느낄 수 있었다.

◉ 숲 관찰일지

- 숲에서의 활동을 기록하기 위해 숲 관찰일지를 작성하였다. 숲에서 만난 여러 가지 자연물에 대한 기록, 우리가 함께 만든 놀이에 대한 기록, 감정에 대한 기록 등 다양한 기록들을 담은 관찰일지를 작성하여 우리가 숲과 함께한 역사를 기록하도록 하였다. 아이들은 새롭게 발견한 식물이나 곤충이 있으면 그 생김새를 구체적으로 관찰하여 그림으로 묘사하고 그 특징을 글이나 그림으로 남겼다. 또 이름을 모르는 자연은 기록을 해 둔 후, 검색 또는 도감을 이용하여 찾아보는 활동을 하였다. 서로 관찰일지를 공유하며 설명해 주는 시간을 가지기도 하였다.

◉ 숲을 채우는 귀한 에너지-태양 명상놀이

- 추운 날, 숲을 찾았더니 아이들이 햇빛이 비추는 공간으로 모여드는 것을 발견할 수 있었다. 아이들에게 왜 그 공간을 선호하는지 물었고, 아이들은 태양이 내리쬐어서 따뜻하다고 이야기하였다. 그리하여 자연스럽게 태양에 대한 고마움을 이야기 나누었고, 우리는 태양에 대한 고마운 마음을 전하기로 하였다.
- 모두 태양이 잘 비치는 공간에 돗자리를 펴고 앉았다. 눈을 감고 태양을 온전히 느껴보는 시간을 가지고 태양 빛이 나의 몸에 닿았을 때 어떤 기분이 들었는지 함께 이야기 나누었다. 그리고 태양이 없다면 우리에게 어떤 일이 일어날지, 태양으로 인해서 우리는 어떤 행복을 누리는지에 대해 충분히 토론한 후, 태양에게 감사한 마음을 보내는 명상놀이를 하였다.
- "태양아~ 추운 겨울에 우리를 따뜻하게 해 줘서 고마워", "태양아 밝은 빛을 선물해 줘서 고마워", "태양아! 식물이 건강하게 자랄 수 있게 도와줘서 고마워", "태양아! 길을 환하게 밝혀줘서 고마워" 등 태양에게 다양한 고마움을 전하였다.

◉ 숲에서 정한 나의 보물 표현하기

- 숲에서 내가 가장 좋아하는 자연물 한 가지를 선택하여 교감명상놀이를 진행하였다. 그때 교감을 나누었던 나의 보물 친구를 다양한 방법으로 표현해보는 활동을 하였다.
- 수묵화로 나의 나무를 표현하는 아이들이 많이 있었다. 수묵화는 아이들에게 매력적인 예술표현 방법이다. 한지에 먹물이 번지는 것을 보면서 좋아하기도 하고, 너무 많이 번져 그림을 망쳤다고 속상해하기도 하고, 신문지에 연습하면서 붓이 춤을 추는 것 같다며 신기해하기도 하는 등 수묵화로 인해 새롭게 발견하는 부분들에 대한 호기심이 가득한 활동이었다.

• 수묵화 활동은 먼저, 신문지에 충분히 붓과 먹물 사용을 연습하고 난 후, 한지에 표현할 수 있도록 하였다. 신문지와 한지는 또 다른 차이가 있어서 아이들이 흥미로워하였다. 또한, 번지지 않게 가는 선을 긋기 위한 노력을 하는 모습이 정말 인상 깊었다.
• 찰흙을 이용하여 나의 보물을 표현하는 친구들도 많이 있었다. 찰흙놀이는 반죽할 때 스트레스 해소도 할 수 있어서 매력적인 놀이 중 하나이다. 아이들은 찰흙을 반죽할 때 주먹으로 때리기, 손바닥으로 내려치기, 손가락으로 꾹꾹 누르기, 발바닥으로 밟기, 발뒤꿈치로 꾹꾹 누르기, 발가락으로 꾹꾹 누르기, 깡충깡충 뛰기, 찰흙 위에서 달리기 등 다양한 방법으로 반죽을 하며 놀이하였다. 찰흙 반죽이 하나의 놀이가 되는 모습을 발견할 수 있었다.
• 작품 활동이 끝나면, 전시를 하고 친구들과 함께 작품에 대한 이야기를 나누었다.
• 한지에 수묵화 활동을 하고 난 후, 족자에 수묵화 작품을 그리는 활동을 하였다. 평소 숲 하면 떠오르는 것들을 생각해 보고 족자에 담아보았다. 족자는 여러 면이 있어서 다양한 자연물들을 담을 수 있어서 좋았으며 완성되면 바로 세워서 전시할 수 있어서 아이들이 흥미로워하였다.

• 자연에서 느낀 느낌을 우리나라의 전통 그림인 수묵화를 통해 표현한다. 붓펜과 붓을

이용하여 다양하게 자신의 생각을 표현해본다. 숲에서 관찰한 것을 구체적으로 표현해보기도 하고 추상적으로 숲을 나타내는 친구들도 있었다. 또 족자에 숲에 대한 나의 느낌을 그림으로 담아보았다.

◉ 숲 · 예술 놀이학교 이름표 만들기

우리 숲 학교에서 느낄 수 있는 느낌의 단어를 적어서 우리 놀이학교 이름표를 구성하였다. 예술, 숲, 창의, 사랑팀의 이름을 표현하여 이름표를 구성한 어린이도 있었다. 각각의 이름에서 느껴지는 이미지를 그림으로 표현하여 나타내었다. 반짝이는 아이디어가 담겨있는 창의, 신비한 요술램프 같은 사랑, 빛이 나는 숲, 뜨거운 열정이 느껴지는 예술 등으로 표현하여 풍부한 이야기를 담아냈다.

◉ 다양한 색 발견하기

〈나는야! 색깔 마법사〉

• 가을에 숲을 오르면서 형형색색 색깔 옷을 입은 나뭇잎을 발견하였다. 가을에는 단풍이 든다는 것에 대해 이야기를 하게 되었고, 우리는 숲을 오르면서 여러 가지 색깔 찾기 놀이를 하였다. 빨간색, 노란색, 초록색, 갈색, 하늘색 등 다양한 색을 발견하게 되었고, 우리는 셀로판지를 이용하여 우리가 발견한 색에 대해 표현해 보는 활동을 계획하였다.
• 다양한 색의 셀로판지를 이용하여 세상이 다양한 색으로 보이는 경험을 하였다.
• 숲에서 발견한 색을 생각해보고 자연에서 만난 색을 통해 온몸에 따스한 기운을 전해주는 나만의 색은 어떤 색인지에 대해 이야기를 나누었다.
• 내가 가장 선호하는 색을 이용하여 작품을 구성하였다. 검은색 사포에 크레파스를 이용하여 색을 표현하기, 셀로판지를 이용하여 다양한 색을 표현한 작품 구성하기 등 숲에서 만난 색을 담은 예술놀이를 하였다.
• 어린이들은 각자 자신의 색에 담겨있는 의미를 설명하기도 하였다.
"저는 빨간색을 좋아해요! 추운 겨울에 빨간색을 보면 모닥불이 생각나서 몸이 따뜻해지는 것 같아요.", "저는 파란색이 좋아요. 왜냐하면 바다를 좋아하기 때문이에요.", "저는 초록색이 좋아요! 숲에 있는 저의 보물도 소나무여서 초록색이거든요." 등 자신이 좋아하는 색에 담긴 의미를 다양한 방법으로 표현하며 활동에 집중하는 모습을 보였다.

〈색깔로 표현하는 나〉

• 내 마음속에 있는 다양한 감정들을 색으로 이야기해 보았다. 그리고 나를 대표하는 색을 담아 작품을 구성해 보았다. 아이들은 감정들에 색 이름을 붙여주었고, 감정 색에는 정답이 없어서 빨간색이 누군가에게는 활기찬 느낌이라면 다른 누군가에게는 화가 남을 상징하기도 한다는 것을 알게 되었다.
• 숲을 다니면서 어린이들이 숲이 우리에게 얼마나 긍정적인 영향을 주는지 온몸으로

깨닫게 되었다. 함께 이야기를 나누면서 숲에게 우리가 느끼는 고마움을 나눠주고 우리들이 숲을 위해서 할 수 있는 실천에 대해 생각해보고 행동으로 옮기기로 하였다. 어린이들은 진심을 담아 메시지를 작성하였고, 메시지는 벽면에 전시하여 매일 보면서 마음에 담기로 하였다.

◉ 마법의 손 도장-우리의 소원아 이루어져라!

자연을 지키는 약속을 담은 손도장을 활용하여 우리들의 작품을 만들어 보았다. 또 손도장을 이용해 자연을 표현해 보았는데, 사랑의 꽃게, 쌍둥이 나무 등 재미있는 작품들이 많이 나왔다. 어린이들의 창의적인 생각들이 어우러져 작품을 더욱 풍부하게 만들었다.

◉ 나무 관찰하고 표상하기

- 숲에서 가장 마음에 드는 나무 한 그루를 정해서 꼼꼼하게 관찰하는 시간을 가졌다. 나무껍질의 생김새, 나무의 크기, 길이, 두께, 나뭇잎의 모습 등을 관찰한 후, 도화지에 붓펜으로 자신이 관찰한 것을 표상하였다. 세심하게 관찰하는 활동을 한 후에 진행된 활동이라 아이들의 표상이 아주 구체적임을 발견할 수 있었다. 또 다른 나무와 비교탐

색한 후, 그 차이를 그림에 담는 친구도 있었다. 아이들의 관찰력이 정말 대단하다는 것을 느끼는 활동이었다.

◉ 도토리 저장고/모빌 만들기

〈도토리와 도토리 껍질은 소중해〉

- 본 프로그램을 진행한 숲에는 도토리가 많이 있었다. 도토리는 동물들이 먹고 도토리 껍질을 버려두어서 우리는 도토리 껍질을 많이 발견하였는데 어린이들이 도토리 껍질을 이용하여 만들기도 할 수 있으니까 저장고를 만들자고 하였다. 그래서 도토리 껍질을 수집하던 중, 숲에 도토리도 많이 있다는 것을 알게 되었고 우리는 도토리와 도토리 껍질을 모으기로 하였다. 그리하여 도토리 저장고를 만들기 시작하였다. 도토리 저장고는 처음에는 작았는데 프로그램의 회기가 거듭될수록 점점 커지게 되었다.
- 숲 놀이를 하면서 우리가 수집해 온 다양한 자연물을 이용하여 모빌을 만들었다. 투명한 공에 오래도록 보관하고 싶은 자연물을 넣어 예쁘게 꾸며 모빌을 구성하였다. 아이들은 투명한 공에 자연물을 넣을 때 자연물 하나하나에 의미를 부여하는 모습을 보였다. 정말 아이들이 소중하게 여기고 있다는 것을 알 수 있었다.

〈자연물로 만드는 모빌〉

• 숲에 가면 자연물을 이용한 미술놀이는 아이들에게 인기가 많은 놀이 중 하나이다. 바닥에 떨어져 있는 자연물들을 수집하여 놀이를 진행하다 보면, 많은 아이들이 처음에 선호하는 놀이는 놀이와 예술이 결합된 다양한 자연미술 구성하기와 나뭇가지를 이용한 신체놀이이다. 자연물을 이용한 예술놀이의 경우, 처음에는 바닥에 구성하였는데 시간이 흐르자 나무와 나무 사이를 실로 연결하여 그 공간에 모빌을 전시하기도 하였다. 아이들이 숲에서 창의성을 발휘하는 순간이었다.

◉ 우리들이 꾸미는 모빌 작품

숲 체험활동을 통해 자연물을 수집하여 물감으로 예쁘게 꾸민 후, 우리들이 만든 타임캡슐에 담아 모빌을 구성하였다. 어린이들은 자신이 수집한 자연물(솔방울, 나뭇가지, 나뭇잎 등)에 색을 입히기도 하고 이름을 지어주기도 하였다. 오랜 시간이 흘러도 꼭 그대로 있기를 기대하며 자연물 모빌을 만들었다. 전시회 날 부모님께 작품을 설명해 줄 때에도 아주 뿌듯해하였다.

자연에게 주고 싶은 선물, 자연에게 전하고 싶은 메시지, 자연 하면 떠오르는 것 등 자연과 함께할 수 있는 다양한 메시지를 주제로 하여 그림으로 표현하였다. 바다를 주제로 표현하는 어린이, 숲속 친구들에게 주고 싶은 선물들로 표현하는 어린이, 메시지를 담아 표현하는 어린이 등 모든 어린이들이 각자 특색 있게 꾸미는 모습을 볼 수 있었다.

◉ 자연과 함께하는 명상놀이

〈하늘 명상〉

- 숲을 구성하고 있는 모든 생명(하늘, 땅, 나무, 새, 곤충, 벌레, 나뭇잎, 바람, 해, 공기 등)에 대해 이야기를 나눈 후, 자리에 앉아 고요하게 느껴보았다.
- 하늘 명상(활동방법): 자리에 앉아 눈을 감고 고요히 들려오는 소리에 집중합니다. 나의 주변에서 들려오는 소리에 집중해 봅니다. 그 소리의 에너지를 느껴봅니다. 소리를 마음속에 온전히 담아봅니다. 나의 마음이 어떻게 변화되는지 편안하게 느껴봅니다.

자리에 누워볼까요? 눈앞에 펼쳐진 광경을 감상해 봅니다. 나뭇잎으로 가려진 하늘, 하늘을 날아다니는 새, 잔잔하게 불어오는 바람, 바람에 흔들리는 나뭇잎, 나의 숨소리, 내가 숨을 쉴 때마다 오르락내리락하는 나의 배 등을 고요하게 감상하고 온전히 느껴보는 시간을 가져봅니다. 명상을 하는 동안 무엇을 느꼈나요?

- 명상을 하는 동안 마음을 고요하게 안정하는 것이 중요하다.
- 숲에서 전해지는 모든 에너지를 함께 나누고 감사한 마음을 전했다.

〈물 명상〉

- 숲 입구에 있는 호수에는 거북이 가족이 살고 있다. 아이들은 숲 학교를 오고 가면서 거북이 가족을 발견하고 인사를 하였다. 물에 살고 있는 생명들에 대한 이야기를 나누면서 생명들이 살 수 있는 공간을 제공해 주는 물에게 고마운 마음을 전하기로 마음을 모았다. 잔잔한 호수를 바라보며 물이 주는 에너지를 느껴보고 우리가 전하고 싶은 이야기를 전달하였다.
- "물아! 우리 몸에 수분을 선물해 줘서 고마워", "물아! 거북이 가족이 살 수 있게 해줘서 고마워", "물아! 우리가 더울 때 시원하게 만들어 줘서 고마워", "물아! 우리 몸을 깨끗하게 씻을 수 있게 도와줘서 고마워", "물아! 우리가 물총놀이 할 수 있게 해줘서 고마워" 등 다양한 고마움을 메시지에 담아 전하였다.

◉ 발견을 통한 창조적 배움

"발견을 통한 창조적 배움"

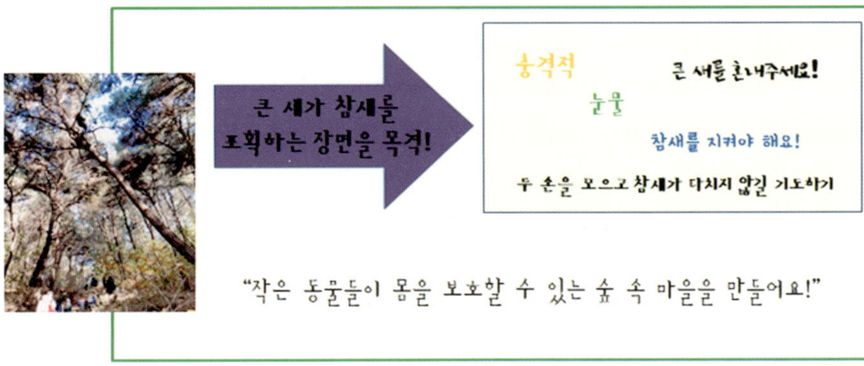

"발견을 통한 창조적 배움"

"발견을 통한 창조적 배움"

〈동물과 곤충들을 위한 놀이 공간 꾸미기〉

- 숲 놀이를 하면서 발견을 통한 창조적 배움은 늘 우리 곁에 있었다. 어느 날, 숲을 오르던 중, 참새가 큰 새에게 포획을 당하고 있는 것을 목격하게 되었다. 아이들은 충격에 휩싸이게 되었고 숲에 살고 있는 동물과 곤충들에 대한 걱정이 시작되었다.
- 자기보다 더 큰 동물들로부터 자신의 몸을 보호할 수 있는 공간을 마련해주는 게 좋을 것 같다는 의견이 나와서 모든 아이들은 서둘러 숲 공간을 동물과 곤충들을 위한 공간으로 구성하였다. 아이들은 곤충과 동물들을 위해서 마을 본부, 놀이터, 찜질방, 학교, 워터파크 등 다양한 마을 속 시설들을 만들어 주었다. 이처럼 우연한 발견으로 시작된 우리들의 활동은 창조적 배움을 이끌어내어 의미 있는 활동을 계획하게 하였고, 협동을 통한 실행은 우리에게 뿌듯함과 성취감을 선물해 주었다.

◉ 거미줄 세상 및 곤충들의 아파트

- 숲과 처음 만나던 날, 어린이들은 거미와 마주했다. 거미의 생김새를 유심하게 관찰하고 또 거미가 안전하게 숲을 여행할 수 있도록 배려해 주었다. 숲에 가면 자주 만나게 되는 거미들을 위한 공간을 직접 꾸며보기로 계획하였다. 그래서 거미가 사는 거미줄을 실과 줄을 이용하여 표현하여 거미줄 세상을 입체적인 것과 평면적인 것으로 표현하였다. 그리고 다양한 곤충들이 살고 있는 아파트들을 구성하여 우리들이 만든 곤충 작품을 아파트에 살게 해 주었다.

◉ 염색놀이

자연을 이루고 있는 다채로운 색에 대해 관심을 가지고 다양한 색에 대한 이야기를 나누었다. 그리고 식용색소를 이용하여 한지염색을 하며 재미있는 시간을 가졌다. 염색놀이를 통해 한지와 친해지는 시간에 대한 경험은 수묵화를 그릴 때 물의 농도를 조절하는 데에도 도움이 되었다. 다양한 색을 한지에 염색하는 것이 많이 재미있었는지 여러 개의 작품을 만드는 친구들이 많이 있었다.

◉ 찰흙 디오라마

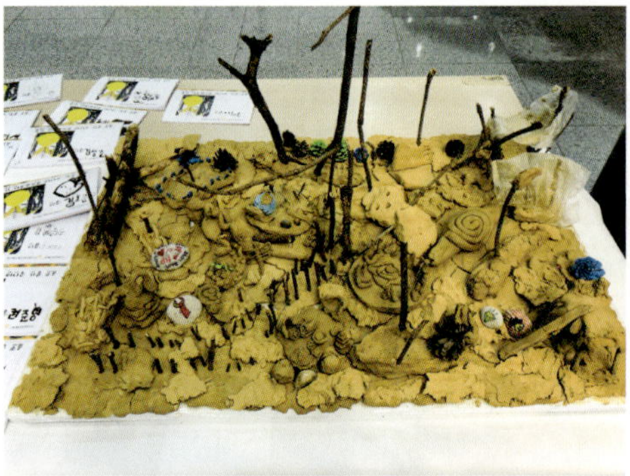

- 숲을 탐험하면서 우리가 만난 다양한 추억들을 표현하는 찰흙 공동 디오라마를 구성하였다. 숲에서 만난 나무와 자연물, 곤충과 동물, 상상 속 이야기들, 곤충들의 놀이터 등 우리들이 숲을 오르고 내리면서 상상했던 이야기, 경험했던 추억 등을 담아서 디오라마로 표현하였다.

◉ 우리들만의 숲 지도 꾸미기

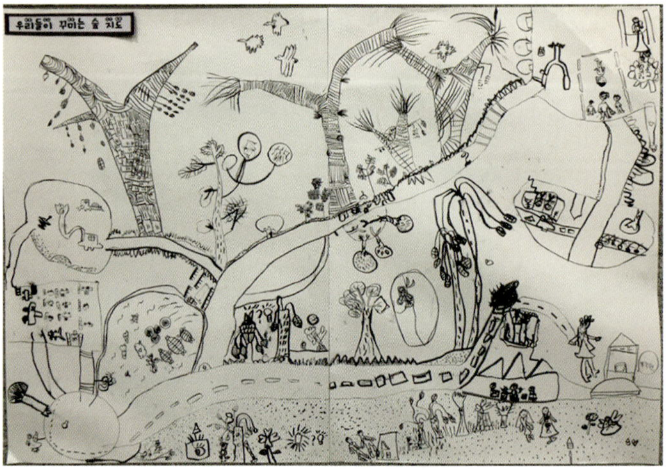

우리들이 다니는 숲 공간을 떠올려보면서 다른 사람들이 보면 숲길을 잘 알 수 있도록 숲 지도를 구성하였다. 어린이들과 함께 숲을 오르면서 보았던 것들과 숲을 구성하고 있는

공간들에 대한 이야기를 구체적으로 나눈 후, 종이에 공간을 나누어 지도를 구성하였다. 우리들의 이야기가 담긴 지도라서 보는 재미가 있다.

◉ 숲에게 전하는 사랑의 메시지

우리들이 사랑하는 숲에게 전하는 메시지를 담아 작품을 표현하였다. "숲아! 고마워! 도토리 가지고 놀게 해줘서 고마워!", "숲에게 전하는 다양한 이미지 선물", "숲 하면 떠오르는 이야기를 담아 표현하기" 등 자신의 아이디어를 담아 독창적으로 표현하였다.

◉ 바람 명상놀이

〈깃털과 함께 바람 명상놀이〉

- 겨울이 되면서 바람이 점점 차가워지고 세기가 강해진다는 것을 느꼈다. 바람은 여름에는 불어서 우리를 시원하게 해 주지만 겨울에는 바람이 불면, 얼굴이 꽁꽁 얼 것 같다는

이야기를 하며 바람에 관심을 가지기 시작하였다.

- 바람은 우리에게 어떤 영향을 주는지, 바람이 없으면 우리는 어떻게 될지, 바람이 우리에게 어떤 고마움을 선사하는지에 대해 이야기를 나눈 후, 바람을 온전히 느껴보는 명상놀이를 진행하였다.
- 숲을 오르기 전, 각자 마음에 드는 색깔의 깃털을 들고 숲 탐험을 시작하였다. 숲 탐험을 하면서 깃털이 바람에 움직이는 모습, 깃털이 주는 에너지, 깃털을 느꼈을 때의 다양한 느낌을 충분히 느껴보았다.
- 바람의 움직임에 따라 몸을 움직이면서 내 몸이 바람의 일부가 되어보았다.

◉ 바람 명상놀이-깃털을 이용한 작품

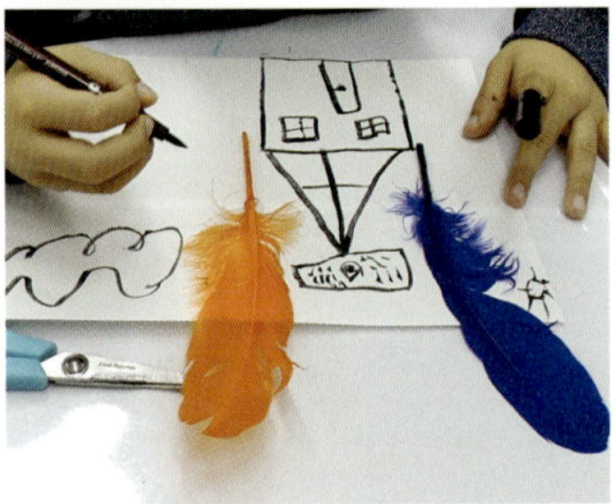

- 바람 명상을 하고 난 후, 느낀 것을 모두 함께 나눈다. 양손에 깃털을 들고 숲을 걸었을 때 내가 느낀 것을 그림으로 표현해보았다. 깃털 달린 집, 하늘을 나는 새, 날개 달린 꽃게 등 자신의 느낌을 다양하게 표현하는 것을 발견할 수 있었다. 또 촘촘하게 붙어있던 깃털이 바람과 마주하면서 얇게 펼쳐지는 모습을 발견해서 좋아하는 어린이들이 인상 깊었다.

◉ 자연에게 전하는 사랑의 메시지

〈자연아! 사랑해! 늘 우리 곁에 있어줘!〉

〈겨울을 만난 숲에게 전하는 우리들의 마음〉

- 매주 함께한 숲에게 우리들의 마음을 담은 사랑의 메시지를 전한다.
- 프로그램을 종료하기 전, 그동안 많은 추억을 선물해 준 자연 친구에게 감사함을 전한다. 나뭇가지로 메시지를 전하고 겨울을 따뜻하게 보내라고 나무 기둥에 옷을 입혀주는 친구도 있었다. 또 낙엽을 한가득 모아서 하트로 만들어 하늘을 날아다니는 동물들에게도 메시지를 전하였다.
- 겨울을 준비하는 숲에게 주고 싶은 선물들을 각자 생각해보고 소소하게 마음을 표현하는 시간을 가졌다.

 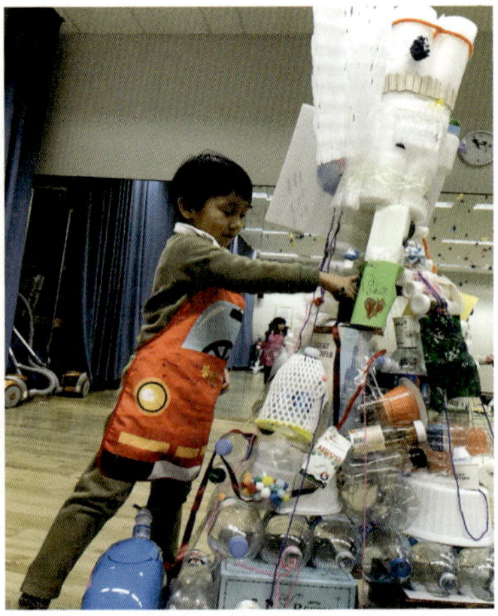

〈숲 지킴이 홍보 활동〉

- 자연과 우리는 함께 가는 친구라는 것을 알고 숲을 사랑하는 마음을 담아 캠페인을 하였다. 재활용품을 이용하여 우리 숲 지킴이 탑을 만들어 메시지를 달아주었다.

◉ 야외활동-미술관 나들이 및 자연 놀이

〈미술관 작품 감상하기 및 워크시트지 활동하기〉

- 매주 숲을 다녀와서 예술활동을 즐기던 아이들은 화가들은 어떻게 작업을 하고 어떤 작품들을 만들어내는지 궁금해하였다. 그리하여 수묵화가 전시되어 있는 미술관을 견학하기로 계획하였다. 미술관에서 다양한 작품들을 감상하고 또 작품이 어떻게 만들어졌는지 친구들과 함께 토론하며 알아보는 시간을 가졌다.

- 워크시트지를 준비하여 아이들이 작품감상을 하고 난 후, 자신만의 예술놀이를 할 수 있도록 하여 다양하면서도 구체적인 표현들이 많이 나왔다. 아무래도 화가들의 작품을 가까이에서 관찰을 하고 난 후에 이루어진 예술놀이기 때문에 아이들의 섬세함을 더욱 이끌어낼 수 있었던 것으로 판단된다.

〈미술관 야외 가을 느끼기〉

- 미술관 앞 잔디밭에서 완연한 가을을 느낄 수 있었다. 가을을 오감으로 느끼고 온몸으로 표현하였다. 노랗고 빨갛게 물든 가을을 눈으로 감상하고 손으로 직접 만져보고 향기도 맡아보았다. 낙엽을 주워 흩날리며 낙엽 비도 서로 뿌려주었다. 아이들은 우리 연구소 숲과 미술관 숲의 같은 점과 다른 점을 비교하며 숲을 탐색하는 모습을 보였다. 그러면서 우리 연구소 숲은 지금쯤 무엇을 하고 있을지 궁금하다고 이야기하는 친구도 있었다.
- 자연 속에서 아이들과 함께 비눗방울 놀이도 하였다. 비눗방울 놀이를 하면서 비눗방울에 요즘 속상했었던 감정들을 넣어 손가락으로 톡톡 터트려보는 활동도 하였다. 아이들은 신나하면서 안 좋았던 감정이 사라졌다며 좋아하였다.

◉ 전시회

- 프로그램이 진행되는 동안 아이들과 함께 만든 작품들을 소개하기 위해 "온 가족이 함께하는 작은 전시회"를 개최하였다.
- 어린이들은 큐레이터가 되어 우리들이 구성한 작품들을 부모님께 직접 소개하였다. 이러한 활동을 통해 아이들은 자신의 경험과 추억에 대한 만족감, 성취감을 느끼며 앞으로 자신이 하게 될 많은 활동들에 대한 기대감을 가질 수 있게 된다.

◉ 우리들이 꾸미는 전시회 포토존

전시회에 부모님들이 오시면 함께 사진을 찍기 위한 공간을 마련하기 위해 우리가 모아 둔 재활용 박스를 이용하여 우리들만의 숲속 집을 만들어 포토존을 구성하였다. 어린이들은 포토존에서 가족과 함께 사진을 찍으며 그동안의 추억을 함께 기념하였다.

◉ 낙엽길 구성하기

우리들의 숲 학교 프로젝트를 마무리하면서 전시회를 개최하였는데 그동안 맛있는 도시락도 싸주시고 숲학교까지 등하교시켜준 부모님께 감사한 마음을 담아 낙엽길을 선물하였다. 부모님께서 낙엽길로 전시장을 입장하는 동안 어린이들이 박수를 치며 감사한 마음을 표현하였다. 어린이도 부모님도 특별한 경험이라며 좋아하였다.

◉ 숲은 언제나 우리 곁에!

〈우리 또 만나자!〉

• 숲속 친구들과 함께 사랑을 나누고 다음에 만날 때까지 잘 지내기로 서로 약속한다.

(2) 숲 · 예술 · 창의 프로그램(각 16차시)이 총 3회 차에 걸쳐 진행되었을 때 숲활동과 예술활동의 몰입은 어떻게 변화되었는가?

본 연구는 숲 체험과 함께한 예술놀이활동 프로그램이 창의성에 미치는 영향을 알아보고자 총 3차 - 48회기에 걸쳐 단기종단연구를 진행하였다. 아이들은 연구기간 동안 총 1번의 봄, 여름과 2번의 가을, 겨울을 숲과 함께하였다. 총 3회에 걸쳐 진행된 연구에서는 회차가 거듭될수록 변화되는 아이들의 모습, 작품활동의 깊이, 적극적이고 능동적인 제안 및 실행, 풍부한 상상력과 창의적인 아이디어가 돋보이는 활동 등을 관찰할 수 있었다. 숲 체험과 예술놀이활동의 회차별 경험을 사진과 함께 간략하게 소개하고자 한다.

① 숲 체험 활동의 회차별 변화 사례

■ 제1차(16회기)

제1차 프로그램에서 어린이들은 좋은 공기를 마시며 자연을 벗 삼아 마음껏 뛰어다니는 놀이를 하였다. 회기가 진행되면서 주변에서 발견할 수 있는 자연물에 조금씩 관심을 가지기 시작하였고 탐색활동을 즐겼다. 또 스스로 수집할 수 있는 자연물들을 모아 자신만의 자연미술을 흥미롭게 구성하며 교사와 상호작용하는 것을 좋아하였다. 활동 중 궁금증이나 문제상황이 발생하면 교사에게 도움을 요청하여 함께 해결하고자 하는 모습을 발견할 수 있었다.

■ 제2차(16회기)

2회 차 프로그램에서 어린이들은 숲 체험활동을 계획하고 실행함에 있어서 처음부터 적극적으로 참여하였으며 숲 체험 중 새로운 발견과 마주했을 때 감정표현, 탐색활동, 떠오르는 아이디어에 대한 이야기를 보다 적극적이고 능동적으로 나누었다. 또 궂은 날씨 상황과 마주했을 때에도 도전정신을 가지고 숲 탐험을 즐겼으며 탐험 성공에 대한 성취감을 표현하였다. 활동 중 문제상황이 생겼을 때, 친구들과 함께 문제해결을 하기 위해 노력하였다.

■ 제3차(16회기)

3회 차 프로그램에서 연구 참여 어린이들은 새롭게 참여하는 친구들을 대하는 태도에서 의젓함이 돋보였다. 숲을 탐험할 때 주의해야 할 점, 숲에서 만날 수 있는 자연물에 대해 적극적으로 안내하는 모습을 보였으며 친구들의 손을 잡고 오르내리며 우리 숲 해설가가 되어주었다.

또한 숲 활동 시 친구들과 협력하여 커다란 자연물도 옮겨 작품재료로 활용하였으며 문제해결을 위해 친구들과 토의를 진행하기도 하였다. 점차적으로 자연물을 활용한 건축작품의 규모는 커져갔으며 활동이 진행되는 속도 또한 빨랐다. 여러 번의 숲 체험 경험은 이동하는 시간을 단축시켜 놀이에 더 많이 몰입할 수 있도록 해주었다. 또 어린이들은 활동 주제 및 내용을 계획하는 데에도 적극적인 태도를 보였으며 이러한 태도는 놀이 시 깊이 있는 몰입감, 성취감을 경험할 수 있게 해 주었다.

② 숲 체험과 함께한 예술놀이활동의 회차별 변화 사례

■ 제1차(16회기)

1회 차 프로그램에서 연구 참여 어린이들은 작품활동에 필요한 재료를 자유롭게 선정하는 것보다 교사가 필요한 재료들을 미리 준비해주는 것에 익숙한 모습을 보였다. 회기가 진행될수록 미술실에 있는 다양한 미술재료에 대한 탐색이 적극적으로 이루어졌으며 작품활동 시에도 어울리는 재료를 직접 선정하여 사용하였다. 다양한 재료 중 물감과 먹물, 점토 사용을 가장 즐겨 하였다. 예술놀이활동 시 재료탐색 시간을 길게 가져 재료에 대한 이해를 높였다.

■ 제2차(16회기)

2회 차 프로그램에서 연구 참여 어린이들은 미술실에 있는 다양한 재료들에 대해 익숙하게 여겼으며 작품활동에 들어가기 전 필요한 재료들을 스스로 준비하는 모습을 보였다.

주변에서 재료로 활용될 수 있는 것들을 생각해보고 작품 구성에 적극적으로 새로운 재료를 활용하였다. 개인작품도 좋아하지만 친구들과 함께하는 공동작품에 흥미를 느꼈으며 어떤 작품은 2회기에 걸쳐 깊이 있게 작업을 하기도 하였다. 공동작품을 구성할 때 친구들과 함께 재료를 선정하고 작품의 완성도를 높이기 위해 서로 의견을 나누는 과정을 흥미롭게 여겼다.

■ 제3차(16회기)

3회 차 프로그램에서 연구 참여 어린이들은 숲 체험활동 시 연계활동으로 어떤 예술놀이를 하면 좋을지 계획하기도 하였다. 또 예술놀이에 활용하기 위해 숲에서 다양한 자연물을 수집하는 모습을 보였다. 이전 회차에서보다 친구들과의 상호작용에 깊이가 더해졌으며 작품활동 또한 풍부해졌다.

서로의 아이디어를 적극적으로 공유하다 보니 작품을 구성하는 중간에 계획을 수정하기도 하였다. 그만큼 작품에 대한 애착도 깊어졌으며 매 회기 때마다 자신의 작품이 미술실에 잘 전시되어 있는지 확인하는 모습을 보였다. 예술놀이에 진정한 몰입을 한 어린이들은 전시회를 진심을 다해 즐겼다. 혼자 하는 즐거움과 더불어 함께 하는 즐거움까지 만끽하는 3회 차 활동이었다.

6. 우리들의 수묵화 프로젝트 이야기(사례1)

숲속 명상놀이와 연계된 수묵화 놀이

◈ 주제 선정 이유

1. 우리나라의 전통미술 재료와 함께 나의 느낌을 표현하면서 정서적으로도 안정감을 얻을 수 있다.
2. 내가 직접 화가가 되어 나의 생각을 수묵화의 다양한 기법으로 표현할 수 있다.
3. 우리 문화의 소중함과 더불어 자긍심을 가질 수 있다.

1.0 수묵화 이야기

1-1 수묵화란? - 수묵화의 의미 알기
1-2 수묵화와 친해지기
 - 수묵화의 다양한 기법 알기 및 수묵화 작품 자료 감상하기

☞ 학기 초부터 어린이들이 수묵화와 가깝게 지낼 수 있도록 수묵화에 담긴 의미와 수묵화를 하기 위해 필요한 재료들을 충분히 탐색할 수 있도록 한다.

C: 선생님~! 수묵화는 붓으로 그림을 그리는 거예요. 우리도 수묵화 그려봤어요.

C1: 저는 그려보지 못했어요. 한번 해보고 싶어요.

T: 붓을 이용하여 우리들이 그리고 싶은 것을 한번 표현해 보도록 할까요?

(어린이들은 붓을 들고 여러 가지 형태의 선을 그어보기도 하고 재미있는 방법으로 표현하고자 하나 붓을 잡고 그림을 그리는 모습이 많이 서툴러 보인다.)

C: 붓을 잡고 그림을 잘 그리려면 집중을 해야 해요.

C1: 맞아요. 붓을 잡고 그림을 그릴 때에는 힘을 잘 써야 해요.

(6세 동생들은 형님들이 하는 이야기에 귀 기울이고 형님들은 동생들을 많이 도와준다.)

〈작품 감상을 하며...〉

C: (여러 가지 작품을 비교하면서) 이 작품의 선은 정말 가는 것 같아요.

C1: 어떻게 하면 이렇게 가늘게 선을 그을 수 있을까?

C2: 손에 힘을 빼면 될 것 같아.

C1: 아니야. 손에 힘을 빼면 붓이 쓰러지지 않을까?

C: 음... 그럼 우리가 직접 해보자. 그러면 알 수 있잖아.

(어린이들은 실험을 통해 알아보고자 하였다.)

C2: 손에 힘을 빼지만 붓은 잡고 있어야 해.

C1: 맞아. 그리고 붓 끝으로 그리면 선이 점점 가늘어지는 것 같아.

T: 붓을 이용하여 먹물로 그림을 그릴 때 선의 굵기 말고 또 다르게 표현하는 방법에는 어떤 것이 있을까?

C: 물을 타서 먹물을 연하게 만들어요.

C1: 먹물을 많이 하면 진하게도 할 수 있어요.

C3: 이렇게 비 오는 것처럼 물을 떨어뜨릴 수도 있어요.

C4: 우리가 저번에 했던 것처럼 솜방망이로 먹물을 찍어서 표현할 수 있어요.

T: 맞아요. 이렇게 붓과 먹물만으로도 다양한 표현방법이 나올 수 있구나.
그럼 우리가 붓과 친해지기 위해서는 어떤 방법이 제일 좋을까요?

C: 많이 그림을 그리면 제일 좋을 것 같아요.

(어린이들은 종이에 자신의 마음 상태를 표현할 수 있는 그림을 그리기 시작하였고, 교사는 어린이들의 작품이 완성되면 전시공간에 전시하도록 하였다.)

1-3 창의 활동
1-3.1 다양한 활동 속 우리들의 생각을 자유롭게 수묵화로 표현하기
1-3.2 수묵화로 나의 느낌을 잘 표현하기 위해서는?

☞ 어린이들은 수묵화 및 다양한 활동 재료에 관심을 가진다.
다양한 활동 속에서 우리들의 생각을 자유롭게 붓을 이용한 수묵화로 표현할 수 있다.

〈도화지에 먹물을 이용하여 그림 그리기-먹물의 농도를 조절하여 그리기
그러고 난 후에는 전시공간에 전시하기〉

〈다양한 방법으로 그리기-먹물과 다양한 물감을 이용하여 그림 그리기〉

〈우리의 몸 표현하기 및 조형작품 활동〉

- 조형작품에 붓과 먹물을 이용하여 무늬를 입히면서 붓을 여러 각도에서 다양하게 사용하는 방법도 알게 되었어요.

C: 도화지에 그릴 때에는 먹물이 잘 번지지 않았는데 옥당지에 그림을 그리니까 먹물이 번져요.

T: 왜 그러는 걸까?

C: 아마도 종이가 얇아서 그런 것 같아요.

C1: 아니면 붓에 먹물이 많이 묻어 있어서 그럴 수도 있어요.

T: 옥당지는 도화지보다는 얇기 때문에 먹물을 잘 빨아들일 수 있을 것 같아요.
그리고 붓 끝에 있는 먹물의 양에 따라 옥당지가 빨아들이는 양은 달라질 수 있을 것 같아요.
그러면 번지지 않게 하기 위해서는 어떤 방법으로 그림을 그리면 좋을까요?

C: 먹물을 찍어서 한번 털고 하는 게 좋을 것 같아요.

T: 그럼 그렇게 한번 해보도록 해요.
(어린이들은 스스로 붓에 묻어있는 먹물의 양을 체크하여 조절할 수 있게 되었다.)

☞ 한지는 다른 종이에 비해 물을 빨아들이는 정도가 다르다는 것을 한지염색을 통해 알게 되었다.

C: 한지 염색에 쓰이는 염색약은 우리들이 먹을 수 있는 식용색소래!

C1: 정말? 신기하다!

C2: 한지는 정말 물에 대기만 해도 빨리 종이 색깔이 변하는 것 같아.

C3: 어디? 나도 같이 해보자.

T: 여기까지 분홍색으로 염색하려면 어떻게 해야 해요?

C2: 그건 말이에요. 분홍색이 이 정도 왔을 때 물감에서 종이를 빼야 해요.
왜냐하면 물감에서 종이를 빼도 조금 더 색깔이 올라오거든요.

C3: 이야~~ 정말 멋진 색깔이죠?

어린이들은 한지의 매력을 다시 한번 느낄 수 있었으며 한지의 물을 빨아들이는 특성에 대해 이해할 수 있었다.

2.0 우리들이 그린 "꿈이 이루어지는 이야기"

2-1 꿈이 이루어지는 그림 : 꿈이 이루어지는 그림 속에 우리들의 마음을 담는다.

☞ 우리들의 소원이 이루어지는 그림은 어떤 모습일지 눈을 감고 천천히 떠올려 본 후, 그림으로 표현해 본다. 또 어린이들과 함께 우리들의 꿈을 이루어지게 할 수 있는 그림은 어떤 모습일지 이야기를 나누어본 후 그림으로 표현해 보았다.

T: 우리들의 소원을 이루게 해 줄 수 있는 그림은 어떤 모습일까?

C: 건강한 동물들이 많이 있는 그림일 것 같아요.

T: 왜 그렇게 생각해요?

C: 그건 말이에요. 우리는 모든 생명을 사랑해야 하잖아요.
그래서 그 약속을 지키면 모든 소원이 이루어질 것 같아요.

T: 우와! 정말 멋진 생각이구나. 왜 그런 생각을 하게 되었을까요?

C: 살아있는 모든 생명은요. 다 마음을 가지고 있잖아요. 그러니까 다 소중해요. 우리 마음속에도 예쁜 꽃이 있듯이 모든 생명들에게도 마음의 꽃이 있거든요. 그러니까 많이 그리면 그림 속에 좋은 일이 많이 생기는 거잖아요. 그럼 소원도 많이 들어주잖아요.

3.0 우리들이 제작하는 상상의 동물나라

3-1 나만의 상상 동물 디자인하기 : 나를 도와줄 수 있는 상상의 동물을 이름과 형태를 직접 디자인하여 연필로 스케치한다.

☞ 어린이들은 나만의 상상 동물을 머릿속으로 떠올려 보고 직접 연필로 스케치하여 이름도 지어준다.

C: 나의 상상 동물은 뾰족이예요. 이빨도 뾰족하고, 등에 뾰족한 털이 많이 솟아나 있어 '뾰족이'라고 이름 지어 주었어요. 내가 등에 타면 뾰족한 털은 부드러운 털로 바뀌요. 그리고 내가 위험에 빠졌을 때 나를 도와줘요.

T: 우와~! 정말 멋진 동물이구나. 뾰족이만 있으면 정말 든든할 것 같구나.

C1: 저의 상상 동물 이름은 홍도예요. 홍도는 내가 위험한 일에 처하면 제일 먼저 구해줘요. 그리고 홍도는 착한 사람과 나쁜 사람을 구별할 수 있는 능력이 있어요. 그래서 나쁜 사람은 혼내줘요.

T: 홍도는 어떤 모습일지 정말 궁금하구나.
나중에 홍도의 모습이 완성되면 꼭 보여줘야 해.

(어린이들은 자신들이 계획한 다양한 상상 동물의 모습을 자세하게 스케치하였다.)

3-2 내가 계획한 상상의 동물을 수묵화로 표현하기 : 연필로 스케치한 것을 수묵화로 표현하여 좀 더 세밀하게 작업할 수 있다.

☞ 연필로 스케치한 나의 상상 동물에 먹과 물감을 이용하여 색을 입혀주었다.

☞ 내가 좋아하는 동물과 함께 세상의 이곳저곳을 여행하고 있는 모습을 그림으로 다양하게 표현하였다.

C: 저는 상상 동물 고슴도치를 타고 지금 여행 중이에요.
고슴도치는 머리부터 꼬리까지 날카로운 가시가 돋아 있어요.
그래서 나쁜 사람들이 나타나면 나를 지켜줘요.

T: 여행하는 동안 절대로 무섭지 않겠구나.

C: 그럼요. 우리 고슴도치가 나를 지켜주거든요.

C1: 나의 상상 동물의 이름은 파비오예요.

파비오는 새의 부리를 가지고 있으면서 큰 날개도 있어요.

그래서 나는 파비오를 타고 하늘 높이 여행할 수 있어요.

C2: 높은 곳에서 보면 너무 좋겠다.

C3: 나는 뾰족이야. 지금은 적군들과 싸우고 있기 때문에 온몸에 있는 털이 뾰족하게 세워졌어.

(어린이들은 자신의 상상 동물을 소개하면서 재미있게 그림으로 표현하였다.)

3-3 나를 지켜주는 수호신 - 상상의 동물(개인작품)
: 나의 상상 동물과 함께 여행하고 있는 모습과 함께 이야기를 구성할 수 있다.

☞ 여러 번의 상상 동물 표현을 거치면서 어린이들의 상상 동물은 조금 더 세밀해지고 나를 도와주는 동물과 그렇지 않은 동물의 표현이 많이 다른 것을 느낄 수 있었다. 그리고 나를 보호해 주기 위한 여러 가지 에너지도 함께 발전되었음을 볼 수 있었다.

T: 지금 어디에 가고 있는 거예요?

C: 상상의 동물 홍도가 지금 집까지 태워주고 있는 거예요.

깜깜한 밤이기 때문에 입에서 나오는 불로 길을 밝혀주고 있는 거예요.

C1: 저는 지금 여행 중이에요.

T: 그런데 왜 갑옷을 입고 있어요?

C1: 혹시 위험한 동물이 나오면 큰일 나니까 입고 있는 거예요.

(어린이들은 상반된 동물들의 모습을 비교하면서 그림을 그리기도 하였다.)

3-4 우리들이 꾸미는 상상의 동물 나라
: 상상의 동물들이 살고 있는 나라는 어떤 모습일지 생각해 보고 친구들과 함께 힘을 모아 공동화를 구성할 수 있다.

☞ 상상의 동물들이 살고 있는 나라는 어떤 모습일까?
친구들과 함께 토의해 본 후 우리들이 함께 구성해 보았다.
숲속 친구들과 함께 어우러진 상상의 동물 나라는 정말 근사하였다.

C: 땅 위에 살고 있는 상상의 동물과 하늘을 날아다니는 상상의 동물도 있기 때문에 땅과 하늘을 모두 그려야 해요.

C1: 그리고 저의 상상 동물은 목이 마르면 물을 먹어야 하니까 물도 그려야 해요.

C2: 상상의 동물 나라에는 춤추는 나무도 있고 말을 할 수 있는 나무들도 있어요.

C3: 그리고 산을 여행하고 있는 사람들의 모습도 볼 수 있어요.
나는 아빠와 함께 등산하고 있는 모습을 그릴 거예요.

T: 상상의 동물 나라 산을 여행하면 동물들과 인사도 나눌 수 있고 정말 근사하겠구나.

C3: 그럼요. 너무 힘들면 상상 동물에게 태워달라고 이야기하면 돼요.
그럼 우리가 가는 곳까지 슝~ 하고 태워줄 거예요.

T: 정말 멋진 생각이구나.
우리 친구들이 그려 준 상상의 동물나라를 여행한다면 정말 행복할 것 같구나.

C4: 저의 상상 동물은 청룡이에요. 지금 청룡은 하늘을 날면서 하늘 세계를 지켜주고 있어요.
그래서 절대로 나쁜 동물들이 오지 못하고 있어요.

(어린이들은 저마다 생각하는 상상의 동물들을 그림으로 표현하면서 그 친구들의 특징을 친구들에게 이야기해 주었다.)

3-5 상상의 동물과 함께 떠나는 여행
: 나를 지켜주는 나만의 상상 동물과 함께 하고 싶은 것은?

☞ 우리들의 상상 동물이 모두 한자리에 모여 여행을 떠나고 있다는 것을 상상하여 공동화로 구성하였다.

C: 지금 상상의 동물들은 서로 에너지를 주고받으며 평화롭게 여행을 하고 있는 중이에요.

C1: 저는 여기에 거북이를 그리고 싶어요.
거북이들도 함께 연못에서 여행을 하고 있어요.

C2: 그리고 산에 있는 나무들도 에너지를 받고 있어요.
상상의 동물들은 해님보다도 더 높이 날아다니기 때문에 해님을 여기에 그릴 거예요.

C3: 정말 높이 난다.

T: 우와~! 정말 높이 나는구나. 떨어지지 않게 조심해야겠어.

C3: 저의 상상 동물에게는 큰 날개가 있기 때문에 걱정하지 않아도 돼요.
왜냐하면 떨어지지 않게 저를 지켜주거든요.

C4: 저는 지금 휴식을 하고 있어요. 에너지를 모두 받았기 때문에 조금 쉬고 있어요.

(어린이들은 자신의 상상 동물이 지금 무엇을 하고 있는지 서로에게 이야기해주며 공동화의 흐름을 이어나갈 수 있도록 하였으며 잘 협력하여 작품을 완성하였다.)

3-6 찰흙으로 구성하는 상상의 동물나라
: 우리들이 생각하고 있는 상상의 동물을 찰흙으로 구성하여 전시하였다.

☞ 상상의 동물들을 찰흙으로 표현하니까 직접 살아 움직이는 것 같았다. 동물들의 몸에 있는 무늬도 다양하게 꾸며주었다.

C: 뾰족이 등에 있는 뾰족한 가시를 만들어야지.

C1: 이걸로 만들어봐. 콕콕 찍으면 멋있게 되는 것 같아.

C: 고마워~.

C2: 상상의 동물과 함께 놀고 있는 우리들의 모습도 꾸미자.

C: 그래. 나는 뾰족이 옆에 있는 모습 꾸며야지.

(다양한 찰흙 재료를 이용하여 동물들의 모습을 표현하였다.)

3-7 내가 만든 상상의 동물이 신라를 구하는 이야기
- 동화책 제작하기
: 우리들이 좋아하는 상상의 동물을 주인공으로 하여 재미있는 동화책을 구성할 수 있다. 동화책의 내용을 상상한 후, 글과 그림을 삽입하여 동화책을 꾸민다.

☞ 내가 만든 상상의 동물이 신라를 어떻게 구하게 되는지 이야기를 지어본 후, 재미있는 글과 그림으로 동화책을 꾸민다.

C1: 나의 상상의 동물은 '뾰족이'예요. 이빨도 뾰족하고, 등에 뾰족한 털이 많이 솟아나 있어 '뾰족이'라고 이름 지어주었어요. 내가 등에 타면 뾰족한 털은 부드러운 털로 바뀌어요.

그리고 내가 위험에 빠졌을 때 나를 도와줘요.

C2: 나의 상상의 동물은 '홍도'예요.
내가 홍도의 주인이에요. 위험한 일이 생기면 나를 제일 먼저 구해줘요.
홍도는 착한 사람이 누군지 나쁜 사람이 누군지 금방 알 수 있어요.
그래서 착한 사람은 구해주고 나쁜 사람은 벌을 줘요.

C3: 그럼 나쁜 적군이 나타나면 혼내주겠네.

C2: 그래. 내가 장군이 되어서 홍도를 타고 나가면 적군들은 무서워해.
홍도의 날카로운 이빨과 강한 꼬리로 적군을 물리칠 수 있어.

C3: 저는 '브이케라스로'와 '디워'예요. 내 상상의 동물도 강한 힘을 가졌어요.

T: 친구들 각자의 상상의 동물이 다들 너무 멋지구나!
내가 만든 상상의 동물이 어떤 큰 힘과 능력을 가졌는지 친구들에게 내 상상의 동물을 소개해주면 어떨까?

C8: 저는 '용투스'예요. 악어를 조금 닮았고요, 날카로운 이빨과 발톱을 가졌어요.

C9: 저는 '고슴도치'예요. 등에서 꼬리까지 고슴도치처럼 가시가 많이 있어요. 화가 나면 가시가 길어져요.

C7: 난 '용사자'야. 몸은 타조와 비슷하고 얼굴은 사자와 비슷하지.
달리기도 잘하고 높이 날 수도 있어.

C6: 나의 상상의 동물은 '파비오'야. '파비오'는 새 부리와 큰 날개가 너무 멋진 동물이야.

C4: 내가 만든 상상의 동물을 소개하는 책을 만들고 싶어요.
내가 만든 상상의 동물도 소개하고 재미난 이야기도 만들어요.
내 상상의 동물은 '고파인'이에요. 덩치는 아주 크고요, 머리에는 뿔이 달려 있고요, 달리기는 세상에서 제일 빨라요.
음... 내 상상의 동물 '고파인'은 착한 신라 임금님을 구해주고, 신라에 쳐들어온 나쁜 적군을 입에서 불을 뿜어 물리쳐요.

C5: 우리 빨리 책 만들어요.
내가 신라 장군이 되어 '고파브'를 타고 하늘을 날아 적군과 싸우는 이야기 하고 싶어요.
고구려와 신라가 싸우는 이야기인데요. 난 신라 장군이니깐 '고파브'를 타고 신라를 도울 거예요.

C6: 음... 나는 신라 왕비를 구하는 이야기 할 거예요.

C7: 완성되면 나도 보여줘.

C6: 그래. 아빠, 엄마, 친구들, 동생들도 보여줘야지.

C1: 도서 대출증이 있어야 빌려줄 수 있는데...
우리 반 친구들에게는 도서 대출증이 없어도 빌려줄게.

C2: 그럼 나도 꼭 빌려줘.
C8: 그런데 어떻게 동화책을 만들어요?

(선생님과 친구들이 함께 동화책 만드는 이야기를 나눈다.)

C1: 제목을 먼저 생각해야 해.
C2: 음... 나는 '상상의 동물 홍도, 워그야 신라를 구해라'로 결정했어요.
C8: 나도 멋진 제목 생각해 봐야지. 동화책 만든 사람도 있어야 하고 출판사도 있어야 해.
C9: 출판사가 뭐예요?
C6: 책 만드는 회사 맞지요?
C9: 우리 반이 초롱이니깐 '초롱 출판사' 할래요.
C7: 난 아뜰리에 출판사 해야지.
C6: 여기 동화책 맨 뒤에 사진이 있어요. 누구 사진이지?
C1: 동화책을 만든 사람 사진인가 봐요. 우리도 사진 붙이고 자기소개도 해요...
우리가 만든 상상의 동물도 소개해요.
C4: 사진 없으면 어떡하지요?
C3: 우리가 내 모습을 그리면 되잖아.
나도 제목을 결정했어요. 시작할게요.
(어린이들은 자신이 상상하고 있는 이야기들을 빨리 동화책에 그리고 싶어 하였다. 종이에 상상 동물과 함께 재미있는 이야기를 만들어 그림으로 표현하였다.)

4.0 십장생 이야기

4-1 우리들이 구성하는 십장생도
: 십장생도에 우리들의 마음을 담아요.

☞ 오래 살 수 있게 해 주는 십장생을 모두 그려 십장생도를 꾸몄다.
어린이들은 십장생 안에 들어가 있는 모든 것을 빠뜨리지 않고 구성하도록 하였다.
C: 이 그림을 보고 있으면 모든 사람들이 오래 살 수 있어요.
그래서 모든 사람들에게 이 그림을 보여주고 싶어요.
C1: 이건 사슴의 등에 있는 털이에요.
T: 사슴의 등에 있는 털을 이렇게 자세하게 표현하는 거예요?
C1: 왜냐하면요. 이렇게 정성스럽게 그려야지 십장생도가 되는 거예요.
T: 그렇구나. 우리 친구들의 정성이 들어가 있어서 더욱 멋진 그림이 될 수 있는 것 같아요.

C2: 거북이 등껍질 정말 잘 그렸죠?

T: 정말 멋지구나. 정말로 살아있는 거북이의 모습인 것 같아요.

C2: 저는 거북이가 참 좋아요. 느리지만 참 좋아요.

(어린이들은 십장생 중에서 자신이 마음에 드는 것을 먼저 골라서 공동화 속에 구성하고 또 필요한 것을 조사하여 표현하였다.)

5.0 기와 속 동물 이야기

5-1 동물 기와 꾸미기
: 내가 직접 수막새를 디자인하여 찰흙으로 꾸밀 수 있다.

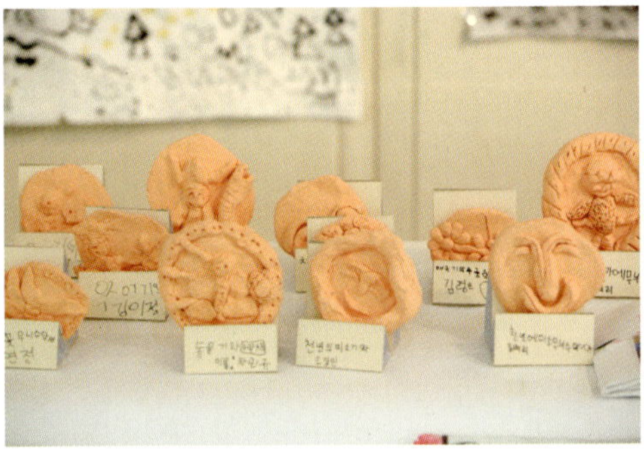

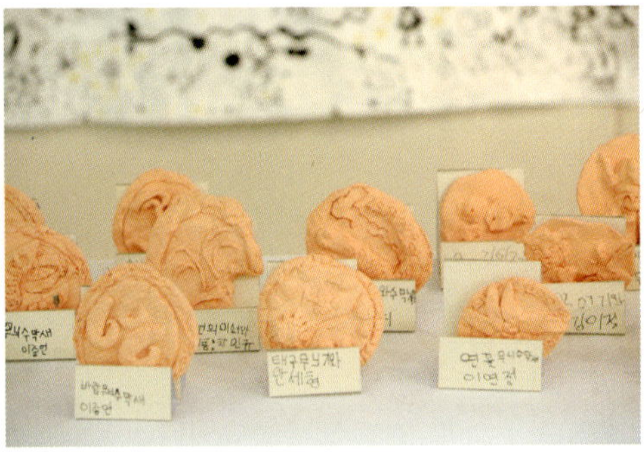

☞ 우리들이 좋아하는 동물들을 수막새 안에 디자인하여 꾸몄다.

C: 힘이 센 청룡이 수막새 안에 있으면 나쁜 사람들이 집 안에 함부로 들어오지 못할 거예요.

C1: 웃는 얼굴의 천년의 미소를 수막새 안에 새겨 넣으면 날마다 웃는 일만 가득할 거예요.

T: 정말 그렇겠구나. 너희들의 멋진 생각들이 담겨 있는 수막새라면 그 집안에 행복을 가져다줄 것 같구나.

C2: 이건 집을 지켜주는 수호신이에요.
그래서 나쁜 생각들이 집 안으로 들어오는 것을 막아 줄 거예요.

C3: 연꽃무늬 수막새예요.
정말 예쁘죠? 연꽃이랑 똑같이 생겼어요.

C4: 어디? 정말 그렇네.
정말 예쁘다...

어린이들은 서로의 수막새를 비교하며 친구들에게 칭찬해 주었다.

어린이들의 생각 속에서는 여러 가지 무늬의 수막새들이 가득 나왔다.

6.0 음악회 공연 속 우리들의 그림 세상 엿보기

6-1 의상 제작하기
- 의상을 직접 디자인할 수 있다.
- 상상의 동물이 지켜주는 신라의 장군 의상을 꾸밀 수 있다.

☞ 우리들의 마음을 담은 신라의 장군 의상을 다양한 방법으로 표현할 수 있다.

C: 선생님~! 저는요. 여기에 상상의 동물을 그려 넣어서 항상 저와 함께 다닐 수 있도록 할 거예요.

C1: 장군복처럼 꾸미고 싶어요.
그래서 언제든지 우리 나라를 보호할 거예요.

C2: 치마에는 재미있는 그림을 그리고 싶어요.

C3: 나는 치마에 바다를 그려야지.
그러면 바다에 들어가도 수영할 수 있을 것 같아.

C1: 커다란 용이 우리를 지켜주기 때문에 우리는 언제나 튼튼할 수 있어요.

C2: 멋진 장군복이 되려면 끈으로 묶으면 더욱 좋을 것 같아요.

C3: 선생님~! 이 옷을 입으니까 온몸에서 저절로 힘이 솟아나는 것 같아요.
지금 내 몸으로 에너지가 들어오고 있는 것 같아요.

C4: 우리 한번 입어보자.

6-2 퍼포먼스 - 깃발 꾸미기
 - 퍼포먼스에 사용할 깃발을 꾸밀 수 있다.

☞ 우리 반 퍼포먼스에 사용하게 될 깃발을 광목천에 수묵화를 이용하여 꾸몄다.

T: 우리들의 깃발에 어떤 그림을 그려넣는 것이 좋을까요?

C: 가장 평화로운 세상을 그리면 좋을 것 같아요.

T: 왜 그런 생각을 했어요?

C: 깃발을 우리들이 흔들면 깃발 속에 그려져 있는 소원이 다른 사람들에게 보일 거잖아요.

좋은 그림을 보면 좋을 것 같아요.

T: 정말 멋진 생각이구나. 그러면 우리가 함께 그려보도록 해요.

C1: 자연과 함께 부처님이 계신 곳을 그림으로 그릴 거예요.

이 그림을 보면 소원이 이루어지고 좋은 일들만 생길 거예요.

C2: 저는 멋진 탑을 그렸어요.

탑과 절, 그리고 부처님을 표현하였어요.

C3: 깃발을 흔들면 빛이 날 수 있도록 깃발 장식을 해요.

(어린이들의 의견에 따라 여러 가지 소품을 이용하여 깃발 장식을 하였다.)

6-3 현수막 제작하기 - 십이지 장군이 지키는 십장생도 "우리의 소원을 담았어요."
6-4 팸플릿 제작하여 불우이웃 돕기
6-5 홍보 포스터 꾸미기

☞ 음악회 공연을 통해 전하고 싶은 이야기를 현수막으로 제작해 보았다.

C: 모든 사람들이 보는 그림이니까 보는 사람도 좋아지는 십장생도를 그리는 건 어때요?

C1: 좋은 생각이야. 십장생도 그리자.

C2: 나는 십이지 장군 그리고 싶은데...

T: 그러면 십장생과 십이지 장군을 골고루 섞으면 더욱 좋을 것 같아요.

C2: 그럼 좋은 방법이 하나 있어요.
십이지 장군이 십장생을 지켜주는 모습을 그림으로 그리면 좋을 것 같아요.

T: 그것도 좋은 생각이구나. 그러면 우리들이 팀을 이루어서 멋있게 자신의 생각을 표현해 보도록 할까요?

C3: 나랑 같이 십이지 장군 동산 꾸밀 사람~!!

C4: 나랑 같이 꾸미자.
빠짐없이 12마리를 모두 그려야 하니까 우리 사진 자료를 가지고 와서 체크하면서 그리자.

C3: 그래.

(두 친구는 힘을 모아서 12마리의 동물을 체크하면서 하나씩 완성하였다. 그림을 그리는 동안 십이지 장군 부분에 친구들이 많이 모이자 서로 의논하여 협력하면서 그림을 완성해 나갔다.)

C5: 나는 십장생 그려야지.
거북이가 살고 있는 조그만 연못을 꾸며야겠어.

C6: 거북이 가족으로 꾸미는 건 어때?
내가 아기 거북이 그릴게.

C5: 그래~! 그러도록 하자.

(어린이들은 서로의 그림에 칭찬하면서 자신의 생각을 친구들에게 이야기하기도 하였다.)

→ 우리들의 낙관을 그림에 찍고 모든 가족들에게 전하고 싶은 메시지를 그림에 담았다.

☞ 추운 겨울을 맞이하여 힘들어하는 우리들의 이웃을 돕기로 하였다.

이웃을 돕기 위한 모금활동으로 우리 초롱반 친구들은 팸플릿을 제작하여 팔기로 하였다.

그래서 우리들의 정성을 담은 그림을 엮어 팸플릿을 제작하였다.

T: 어떤 방법으로 팸플릿을 제작하여 사람들에게 파는 것이 좋을까?

C: 그건 말이에요. 팸플릿에 우리들이 정성스럽게 그림을 그리는 게 좋을 것 같아요.

T: 그럼 어떤 그림을 담을까요?

C: 우리들이 제일 잘 그리는 그림이 좋을 것 같아요.

C1: 그리고 다른 사람들이 보았을 때 기분이 좋아지는 그림이 좋을 것 같아요.

(어린이들은 자신의 작품을 정성스럽게 완성하여 낙관을 찍고 따뜻한 마음을 그림 가득 담아주었다.)

T: 팸플릿에 또 만들고 싶은 게 있는지 한번 살펴볼까요?

C3: 누가 그렸는지 표시해 두는 것이 좋을 것 같아요.

C2: 낙관 찍었으니까 알 거야.

C3: 아니야. 모르는 사람이 사면 우리들의 이름을 모르니까 잘 모를 수도 있지.

C4: 그러면 우리들의 사진을 붙이면 되잖아.

C3: 아~! 맞다. 선생님 우리들의 사진을 여기에 붙여주세요.
그러면 좋을 것 같아요.

(어린이들의 의견에 따라 팸플릿을 제작한 꼬마 화가의 사진을 팸플릿 제일 윗부분에 부착하였다.)

☞ 어린이들의 팸플릿 전시회 및 공연에 초대하는 글을 담아 홍보 포스터를 제작하였다. 어린이들은 스스로 계획한 활동들에 많은 사람들이 관심을 가지길 바라며 즐겁게 포스터를 만들었다.

C: 글씨를 크게 적어야지 사람들이 빨리 알아보고 우리 교실에 올 수 있겠죠?

T: 그렇구나. 그림 속에 우리들의 따뜻한 마음을 담으면 보는 사람들도 느낄 수 있을 것 같아요.

수묵화 작품 구성 시 어린이들과 어떤 대화를 나누었을까요?

▶ 꿈이 이루어지는 그림

- 모든 사람들의 꿈이 이루어질 수 있도록 사랑이 가득하고 에너지가 넘치는 그림 꾸미기

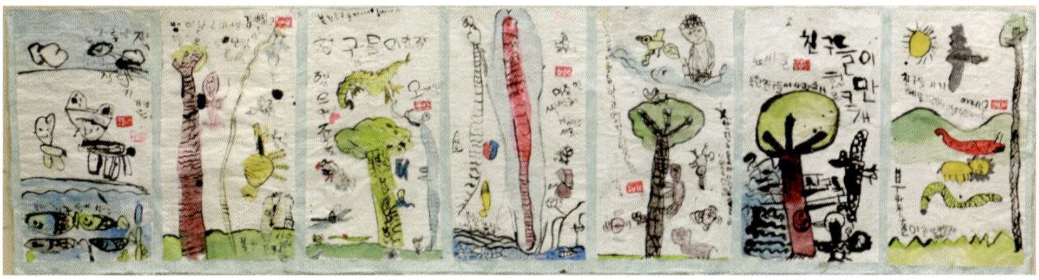

- 우리들의 소원이 이루어지는 그림은 어떤 모습일지 눈을 감고 천천히 떠올려 본 후, 그림으로 표현하였다. 자신이 제일 좋아하는 동물들을 표현하였으며 숲속 모습을 많이 그렸다.

T: 우리들의 소원을 이루게 해 줄 수 있는 그림은 어떤 모습일까?

C: 건강한 동물들이 많이 있는 그림일 것 같아요.

T: 왜 그렇게 생각해요?

C: 그건 말이에요. 어린이 오계 중에서 가장 중요한 것이 살아있는 생명을 사랑하겠습니다잖아요. 그래서 그 약속을 지키면 모든 소원이 이루어질 것 같아요.

T: 그럼 왜 첫 번째 어린이 오계가 중요하다고 생각해요?

C: 살아있는 모든 생명은요. 다 마음을 가지고 있잖아요. 그러니까 다 소중해요. 우리 마음속에 착한 마음이 있는 것처럼 모든 생명들에게도 좋은 에너지가 있거든요. 그러니까 많이 그리면 그림 속에 좋은 이야기가 많이 생기는 거잖아요. 그럼 소원도 많이 들어 주잖아요.

(그림 속에 착한 에너지가 많이 생겨서 좋다며 웃는 어린이들은 벌써 소원이 다 이루어진 듯하였다.)

▶ 천마 이야기

- 천마도를 감상하고 직접 천마총을 견학하여 천마를 관찰한 후, 천마 이야기 짓기

- 여러 가지 형태의 무덤에 대해 이야기를 나누던 중 천마총에 대해 알게 되었고 어린이들은 직접 천마총을 견학하였다. 무덤 속에서 발견된 천마도를 직접 관찰하고 난 후, 우리들이 직접 천마도를 구성하고 이야기를 지어 보았다.

C: 선생님! 저도 천마를 딱 한 번만이라도 타 보았으면 좋겠어요.

T: 만약에 천마를 탄다면 어디를 여행하고 싶어요?

C: 저기 높은 하늘 위에서 세상을 바라보고 싶어요.

C1: 저는 구름을 타고 싶어요.

C2: 해님 가까이 가보고 싶어요.

C: 정말 행복할 것 같아요.

T: 맞아요. 어쩌면 천마는 벌써 우리들 가까이에 와 있을지도 몰라요.
우리 초롱이들이 이렇게 천마를 훌륭하게 표현하는 것을 보면 천마는 아마도 우리 친구들의 마음속에 있는 것 같아요.

C2: 신라 장군들은 천마를 타고 싸웠기 때문에 적군들을 물리칠 수 있었어요.

C3: 맞아요. 왜냐하면 천마는 에너지가 넘치거든요.

(어린이들은 천마도에 대한 애정이 깊었으며 천마가 담겨 있는 동화 짓는 것을 아주 좋아하였다.)

▶ 우리들이 꾸미는 상상의 동물 나라

- 상상의 동물들이 살고 있는 나라는 어떤 모습일지 생각해 보고 친구들과 함께 힘을 모아 공동화를 구성할 수 있다.

- 상상의 동물들이 살고 있는 나라는 어떤 모습일까?
  숲에 가서 다양한 명상활동을 통해 우리들의 상상 동물 친구들을 만나고 와서 친구들과 함께 토의해 본 후 우리들이 함께 구성해 보았다. 숲속 친구들과 함께 어우러진 상상의 동물 나라는 정말 근사하였다.

C: 땅 위에 살고 있는 상상의 동물과 하늘을 날아다니는 상상의 동물도 있기 때문에 땅과 하늘을 모두 그려야 해요.

C1: 그리고 저의 상상 동물은 목이 마르면 물을 먹어야 하니까 물도 그려야 해요.

C2: 상상의 동물 나라에는 춤추는 나무도 있고 말을 할 수 있는 나무들도 있어요.

C3: 그리고 산을 여행하고 있는 사람들의 모습도 볼 수 있어요.
나는 아빠와 함께 등산하고 있는 모습을 그릴 거예요.

T: 상상의 동물 나라 산을 여행하면 동물들과 인사도 나눌 수 있고 정말 근사하겠구나.

C3: 그럼요. 너무 힘들면 상상 동물에게 태워달라고 이야기하면 돼요.
그럼 우리가 가는 곳까지 슝~ 하고 태워줄 거예요.

T: 정말 멋진 생각이구나.
우리 친구들이 그려 준 상상의 동물나라를 여행한다면 정말 행복할 것 같구나.

C4: 저의 상상 동물은 청룡이에요. 지금 청룡은 하늘을 날면서 하늘 세계를 지켜주고 있어요.
그래서 절대로 나쁜 동물들이 오지 못하고 있어요.

(어린이들은 저마다 생각하는 상상의 동물들을 그림으로 표현하면서 그 친구들의 특징을 친구들에게 이야기해 주었다.)

▶ 내가 만든 상상의 동물이 신라를 구하는 이야기 - 동화 책 제작하기

- 우리들이 좋아하는 상상의 동물을 주인공으로 하여 재미있는 동화책 구성하기

- 내가 만든 상상의 동물이 신라를 어떻게 구하게 되는지 이야기를 지어본 후, 재미있는 글과 그림으로 동화책을 꾸민다.

C1: 나의 상상의 동물은 '뾰족이'에요. 이빨도 뾰족하고, 등에 뾰족한 털이 많이 솟아나 있어 '뾰족이'라고 이름 지어주었어요. 내가 등에 타면 뾰족한 털은 부드러운 털로 바뀌요. 그리고 내가 위험에 빠졌을 때 나를 도와줘요.

C2: 나의 상상의 동물은 '홍도'에요.
내가 홍도의 주인이에요. 위험한 일이 생기면 나를 제일 먼저 구해줘요.
홍도는 착한 사람이 누군지 나쁜 사람이 누군지 금방 알 수 있어요.
그래서 착한 사람은 구해주고 나쁜 사람은 벌을 줘요.

C3: 그럼 나쁜 적군이 나타나면 혼내주겠네.

C2: 그래. 내가 장군이 되어서 홍도를 타고 나가면 적군들은 무서워 해.
홍도의 날카로운 이빨과 강한 꼬리로 적군을 물리칠 수 있어.

C3: 저는 '브이케라스로'와 '디워'에요. 내 상상의 동물도 강한 힘을 가졌어요.

T: 친구들 각자의 상상의 동물이 다들 너무 멋지구나!
내가 만든 상상의 동물이 어떤 큰 힘과 능력을 가졌는지 친구들에게 내 상상의 동물을 소개해주면 어떨까?

C8: 저는 '용투스' 에요. 악어를 조금 닮았고요, 날카로운 이빨과 발톱을 가졌어요.

C9: 저는 '고슴도치'에요. 등에서 꼬리까지 고슴도치처럼 가시가 많이 있어요. 화가 나면 가시가 길어져요.

C7: 난 '용사자'야. 몸은 타조와 비슷하고 얼굴은 사자와 비슷하지.
달리기도 잘하고 높이 날 수도 있어.

C6: 나의 상상의 동물은 '파비오'야. '파비오'는 새 부리와 큰 날개가 너무 멋진 동물이야.

C4: 내가 만든 상상의 동물을 소개하는 책을 만들고 싶어요.
내가 만든 상상의 동물도 소개하고 재미난 이야기도 만들어요.
내 상상의 동물은 '고파인' 이에요. 덩치는 아주 크고요,

머리에는 뿔이 달려 있고요, 달리기는 세상에서 제일 빨라요.

음... 내 상상의 동물 '고파인'은 착한 신라 임금님을 구해주고, 신라에 쳐들어온 나쁜 적군을 입에서 불을 뿜어 물리쳐요.

C5: 우리 빨리 책 만들어요.

내가 신라 장군이 되어 '고파브'를 타고 하늘을 날아 적군과 싸우는 이야기 하고 싶어요.

고구려와 신라가 싸우는 이야기인데요. 난 신라 장군이니깐 '고파브'를 타고 신라를 도울 거예요.

C6: 음... 나는 신라 왕비를 구하는 이야기 할 거예요.

C7: 완성되면 나도 보여줘.

C6: 그래. 아빠, 엄마, 친구들, 동생들도 보여줘야지.

C1: 도서 대출증이 있어야 빌려줄 수 있는데...

우리 반 친구들에게는 도서 대출증이 없어도 빌려줄게.

C2: 그럼 나도 꼭 빌려줘.

C8: 그런데 어떻게 동화책을 만들어요?

(선생님과 친구들이 함께 동화책 만드는 이야기를 나눈다.)

C1: 제목을 먼저 생각해야 해.

C2: 음... 나는 '상상의 동물 홍도, 워그야 신라를 구해라'로 결정했어요.

C8: 나도 멋진 제목 생각해 봐야지. 동화책 만든 사람도 있어야 하고 출판사도 있어야 해.

C9: 출판사가 뭐예요?

C6: 책 만드는 회사 맞지요?

C9: 우리 반이 초롱이니깐 '초롱 출판사' 할래요.

C7: 난 아뜰리에 출판사 해야지.

C6: 여기 동화책 맨 뒤에 사진이 있어요. 누구 사진이지?

C1: 동화책을 만든 사람 사진인가 봐요. 우리도 사진 붙이고 자기소개도 해요...

우리가 만든 상상의 동물도 소개해요.

C4: 사진 없으면 어떡하지요?

C3: 우리가 내 모습을 그리면 되잖아. 나도 제목을 결정했어요. 시작할게요.

(어린이들은 자신이 상상하고 있는 이야기들을 빨리 동화책에 그리고 싶어 하였다. 종이에 상상 동물과 함께 재미있는 이야기를 만들어 그림으로 표현하였다.)

▶ 나의 상상 동물 "홍도"와 함께~

- 내가 좋아하는 상상의 동물 홍도와 함께 여행하는 모습 표현하기

-내가 가장 좋아하는 상상의 동물과 함께 여행하는 모습을 표현해 보았다.
여러 번의 상상 동물 표현을 거치면서 어린이들의 상상 동물은 조금 더 세밀해지고 나를 도와주는 동물과 그렇지 않은 동물의 표현이 많이 다른 것을 느낄 수 있었다.
그리고 나를 보호해 주기 위한 여러 가지 에너지도 함께 발전되었음을 볼 수 있었다.

T: 지금 어디에 가고 있는 거예요?

C: 상상의 동물 홍도가 지금 집까지 태워주고 있는 거예요.
깜깜한 밤이기 때문에 입에서 나오는 불로 길을 밝혀주고 있는 거예요.

C1: 불 에너지 정말 멋지다.

T: 그런데 왜 갑옷을 입고 있어요?

C: 혹시 위험한 동물이 나오면 큰일 나니까 입고 있는 거예요.
왜냐하면 홍도는 너무나도 멋진 친구이기 때문에 나쁜 친구들이 계속해서 속상하게 하려고 하거든요. 하지만 괜찮아요.
내가 든든하게 홍도를 지켜줄 거니까요.

T: 홍도는 정말 좋겠구나. 이렇게 멋진 친구가 있어서 말이야.

C: 정말요? 홍도랑 함께 집에 도착하면 손을 잡고 잘 거예요.

T: 홍도도 같은 방에서 자는 거야?

C: 그럼요 내 친구니까요.

(어린이는 자신의 상상 동물에 대한 애착심을 보이며 즐겁게 이야기하였다.)

▶ 코끼리와 함께 떠나는 여행

- 여행을 할 때 가장 같이 가고 싶은 동물을 선정하여 여행 가는 모습 표현하기

-내가 가장 좋아하는 동물과 함께 여행하는 것을 상상하여 그림으로 표현하였다.

C: 코끼리는 지금 여행을 하던 중에 목이 말라서 물을 먹고 있어요.
그리고 저는 너무너무 추워서 모닥불을 피워 놓고 있어요.
코끼리는 물을 마시면서 저를 지켜주고 있는 거예요.
코끼리는 정말 멋지죠?

T: 코끼리와 친구는 이제 무엇을 할 거예요?

C: 이제는 밤이 되었기 때문에 내일 여행할 것을 준비하려고 해요.

T: 코끼리와 오늘 어디를 여행했어요?

C: 첨성대를 여행했어요.
첨성대는 너무 높은데 말이에요. 코끼리가 저를 코로 높이 올려주어서 정말 재미있게 첨성대에서 별을 관찰했어요. 코끼리는 정말 좋은 친구예요.

T: 코끼리에게 또 멋진 부분이 있어요?

C: 코끼리는 멋진 에너지를 가지고 있어요.
그건 말이에요. 다리에 가장 큰 힘 에너지를 가지고 있어요.
그래서 마음이 착하지 않은 동물들이 나타나면 다리에서 에너지가 나와 착한 동물로 변하게 해 줘요.

T: 정말 멋진 친구구나.
내일은 어디를 여행 갈 거예요?

C: 내일은요~ 코끼리와 함께 동물원에 가서 코끼리 친구들을 만날 거예요.
코끼리가 저에게 친구들을 소개해 주기로 하였거든요.

▶ 동물원에 간 뾰족이와 나

-상상 동물과 함께 여행을 떠난 모습 그리기

-내가 디자인한 상상의 동물과 함께 여행을 떠나 일어나는 일들을 그림으로 표현하였다.

C: 뾰족이와 오늘 동물원에 갔어요.
동물원에 가서 저는 뾰족이와 함께 엄청 많은 동물들과 인사를 했어요.
왜냐하면 뾰족이는 동물들과 대화를 나눌 수 있기 때문에 저에게 이야기를 전달해 주었어요.
그래서 오늘 친구들이 참 많이 생겼어요.

T: 그럼 이 그림 속의 뾰족이와 우리 친구는 무엇을 하고 있어요?

C: 동물원에 갔는데 그만 나쁜 동물을 만났어요.
제가 나쁜 동물에게 괴롭힘을 당하자 뾰족이가 나타나서 저를 도와주고 있어요.
뾰족이에게는 불 에너지가 있는데 그 에너지를 맞으면 나쁜 동물들도 모두 착한 동물들로 변신할 수 있거든요.
뾰족이는 몸집이 많이 크기 때문에 저를 등에 태워줄 수도 있어요.
하지만 뾰족이가 화가 나면 등에 있는 털들이 모두 뿔로 변하기도 해요.

T: 뾰족이는 정말 멋진 친구구나.
그럼 뾰족이와 함께 이제는 어딜 여행할 계획이에요?

C: 뾰족이와 함께 스키장에 갈 거예요.
그래서 뾰족이에게 보드를 가르쳐 줄 거예요.
우리는 정말 친한 친구이니까요.

제4장 반짝이는 창의성과 인성교육을 위한 미술교육의 통합적 접근

1. 반짝이는 창의성

1) 창의성의 개념 및 구성요소

Torrance(1957)는 창의성을 문제해결을 위한 사고 과정으로 보았다. 즉, '새롭고 독특한 아이디어, 다른 관점, 새로운 시각으로 문제를 보는 것'으로, 창의적 사고를 통해 문제를 파악하여 그 문제를 해결해 나가기 위하여 가설을 세우고 평가하고 검증하는 등 해결방안을 찾아 제안하고 적용해나가는 과정이라고 하였다. 이러한 창의적 사고 과정 요인을 유창성, 융통성, 독창성, 정교성으로 구분하였다.

한편 어린이 창의성 개념은 어린이들이 내적이거나 외적인 자극에 대한 반응으로 새로운 것을 창작하는 능력(Isenberg & Jalongo, 2001)이라고 정의하였고, 특정한 상황에서 주변 환경에 대하여 민감한 관심을 갖고 새로운 영역을 탐색하고, 기존의 사고에서 벗어난 독특한 아이디어와 해결방안을 산출하며, 인간의 생각, 태도, 경험 등이 기존의 사고에 얽매이지 않고 열려있는 상태와 성향이라고 정의하였다(전경원, 2001). 이러한 어린이의 창의성 정의에 대하여 재해석할 필요가 있다고 하였다. 즉, 어린이는 생산적인 산출물을 만드는 것이 쉽지 않기 때문에 어린이의 개인적인 수준에서 어린이 스스로가 새롭다고 하는 것에는 창의적인 것으로 인정하는 것이 창의성 개발에 도움이 된다고 하였다.

창의성은 하나의 단일요소로 이루어진 것이 아닌 다양한 능력과 경향으로 구성되어 있다고 학자들은 주장한다. 그러므로 창의성의 구성요소를 구분하기 위해 창의적인 활동이 기본이 되는 요소를 파악해왔으며 구성요소의 특징마다 각기 다른 검사방법을 제시하여 연구가 수행되었다.

창의성 관련 연구를 수행하는 많은 학자들은 창의적인 사고에서 요구되는 요소는 전반적인 사고 과정에서 요구되는 요소와 크게 다르지 않다고 보며 그 요소를 민감성, 다양성, 유창성, 독창성, 정교성, 상상력 등에 기초하고 있다고 하였다.

Rimm(1983)은 독립성, 호기심, 지구력, 융통성과 흥미를 제시하였고, Renzulli와 Hartman(1971)은 호기심, 독창성, 모험심, 위험 감수, 상상력, 유머, 심미안 등을 포함시켰다. Torrance(1998)는 지적 특성의 창의성 요인(유창성, 독창성, 제목의 추상성, 성급한 종결에 대한 저항성 등)과 더불어 성격적 특성(용기와 호기심, 사고와 판단에서의 독자성, 자신이 하고 있는 일에 대한 몰두, 직관 이용, 사물을 당연한 것으로 받아들이지 않음, 낙관적 태도, 모험심 등)까지 포함한 창의성의 요인을 제시하였다.

Amabile(1989)는 창의성을 사회적, 환경적 요인이 결정적인 역할을 한다는 통합적 접근 이론으로 보았다. 즉, 창의성에 미치는 영향은 외적 요인에 초점을 맞춰 인지적 측면과 정신적 측면에서 사회적 환경이 기여할 수 있는 부분이 많다는 것을 강조하였다.

Sternberg(1985)는 창의적 인간은 융통성, 심미성을 지니고 있으며, 새로운 것에 대한 흥미와 호기심이 많아 사회규준에 의심을 갖는 것과 같은 인지적·상황적 요인으로 구분할 수 있다고 하였다. Treffinger(1980)는 창의성을 인지적 요인(유창성, 융통성, 독창성, 정교성, 인지와 기억)과 정의적 요인(호기심, 자발성, 자신감)으로 제시하였다. Williams(1980)는 창의성 구성요인을 유창성, 융통성, 독창성, 정교성, 호기심, 모험심, 복합성, 상상력으로 제시하였으며, 인지적 측면과 정의적 측면을 통합하여 3차원적 모형을 제안하였다.

한편 국내 학자들의 연구에 따르면 창의성 구성요소는 다음과 같다. 먼저 노영희, 김경철, 김호(2006)는 창의적인 구성요소를 인지적 요인(융통성, 독창성, 상상력)과 정의적 요인(유머, 탈규범성, 몰입, 개방성, 모험추구, 자기확신, 독립성)으로 구분하였고, 이춘희(1997)는 창의성의 하위 구성요소를 창의적 사고 기능(인지적 능력)과 창의적 성향(정의적 특성)으로 구분하였다. 창의적 사고 기능은 다시 하위요인으로 유창성, 융통성, 독창성, 정교성을 제시하고 있고, 창의적 사고 성향은 하위요인으로 민감성, 자발성, 독자성, 근면성, 호기심, 변화에 대한 개방성 등을 제시하고 있다.

이처럼 학자마다 다양하게 창의성을 구성하여 연구하였는데 창의성 검사도구 중에서 세계에서 가장 널리 사용되고 있으며, 우리나라에서도 가장 널리 사용되고 있는 Torrance(1963)가 개발하고 김영채(2002)가 번역한 '한국판 Torrance 창의적 사고력 도형검사'를 통해 측정된 유창성, 독창성, 제목의 추상성, 정교성, 성급한 종결에 대한 저항성을 구성요소로 살펴보고자 한다.

먼저 유창성은 주어진 자극을 유의미하게 사용하여 해석 가능한 반응으로 표현한 아이디어의 총수를 말하고, 독창성은 주어진 자극에 대한 반응이 통계적으로 빈도가 가장 낮아 특별한 정도를 말하며, 제목의 추상성은 그림의 본질을 포착하고 무엇이 중요한지 아는 능력으로 좋은 제목을 만들어 낸 수로 종합과 조직화라는 사고 과정을 포함한다. 정교성은 주어진 자극도형에 덧붙여진 아이디어의 수를 말하며, 성급한 종결에 대한 저항성은 가용한 정보들을 고려하여 성급한 종결을 못 하게 지연하는 것을 말한다.

2) 창의성과 미술놀이

창의성에 대한 개념 정의는 학자들에 따라 다양하나 기본적인 개념은 어떤 목적을 달성하기 위해 적합한 새로운 아이디어나 생각, 산물을 만들어 내는 것이라는 점에서 의견을 함께한다.

"새롭다"라는 개념이 포함되어 있는 창의성은 뛰어난 발견이나 천재적 사고만을 의미하는 것이 아니라, 개인에게 있어서 자기 표현, 자기 실현의 욕구에서 출발하는 새로운 상상적 경험을 포함하여(Thurstone), 과학자나 천재들만이 지닌 독특한 특성이 아니라 모든 인간에게 잠재된 실재된 능력이며 보편적인 행동 특성으로 널리 받아들여지게 되었다.

이러한 창의성은 개인에게 새로운 가치 경험을 주는 자기 실현의 개인적 의미의 창의성과 개인뿐만 아니라 사회적으로 새로운 가치를 지닌 것으로 발명가, 예술가, 과학자 등의 특수한 사람에게서 볼 수 있는 사회적인 의미의 창의성으로 구분할 수 있다(Maslow, 1962). 이 두 가지 창의성은 교육에서 서로 긴밀하게 연결되고 있지만 어린이교육 현장에서는 전자의 의미에 더욱 중점을 두어야 한다.

또한 창의성의 모든 특성은 어떤 특정한 사람들만의 특성이 아니라 모든 인간에게 내재된 일반적인 특성으로 적절한 교육에 의해서 길러줄 수 있는 능력으로 정의된다(Hurlock, 1981). 이에 창의성 증진을 위한 다양한 교수방법이 제시되고 있으며, 그 효과가 긍정적인 것으로 보고되었다(Torrance, 1973; 전경원, 1995; 이수경, 이주연, 1995).

이와 같이 창의성은 주위 환경에 영향을 받는 예민한 능력으로, 주위 환경에 의해 향상되기도 하고 감퇴되기도 한다. 그러므로 창의성을 향상시키기 위해서는 다양하고 확산적인 아이디어를 떠올릴 수 있는 개방적인 환경이 제공되어야 하며, 어린이의 자발적이고 독특한 아이디어가 중시되어야 한다.

창의력은 인간이 지닌 사고 및 감정을 밖으로 표출하는 과정 속에서 길러질 수 있으며, 이러한 점에서 미술활동은 어린이의 창의적인 잠재력을 증진할 수 있는 적절한 활동이다. 무엇을 만들거나 그리는 과정 속에서 자신만의 아이디어나 감정을 창조할 수 있으므로 특히 어린 어린이의 창조적 사고의 출구로서 의미가 있다.

또한 그림을 그리거나 시각적인 형상을 만드는 조형활동은 어린이들에게 정서적으로 즐거움을 주는 경험으로서 대부분의 어린이는 표현활동을 통해 행복감·만족감을 느낄 수 있다. 이러한 과정 속에서 각자 나름대로의 감정적인 몰입을 경험할 수 있고, 자신의 여러 감정들을 긍정적으로 창의적으로 표현할 수 있는 기회를 갖는다. 이러한 경험은 어린이의 긍정적인 자아개념을 형성하는 데 도움을 준다. 긍정적인 자아개념은 어린이기에 획득해야 하는 중요한 개념이며, 이는 창조적인 자기표현의 원동력이 될 수 있다.

미술활동의 큰 장점은 타 교과목과는 달리 개별적인 특성이 다양한 어린이의 창의적인 표현을 격려할 수 있으므로 미술작업에서 각자 자신의 독특성을 발견하게 되고 창의적인 탐색과 실험을 인정받을 수 있다는 점이다. 어린이는 자신의 경험과 느낌을 시각적, 조형적으로 표현하는 여러 가지 조형작업을 통하여 자신의 경험을 구체화시키며, 자신이 알고 있는 지식을 확장해 나간다. 어린이의 예술적 잠재력은 형태를 남과 다르게 창작하려는 노력에서 길러지며 이는 곧 창의적인 능력의 근원이 된다(Alexander, 1981). 어린이는 미술을 통해 상상의 세계를 표현할 수 있으며, 개인의 경험을 시각적으로 새롭게 조형화할 수 있다. 창의적 사고과정에서 시각적 사고는 중요한 부분이며, 창의력은 미술교육에서 중요하게 다루는 항목 중의 하나인 시각의 예민성과 관련이 있다.

미술활동이 지니는 최대의 학습효과는 어린이가 경험한 주변 세계에 대해 각자 나름대로의 감성을 느끼고 자유롭게 생각하고 창조할 수 있는 경험을 제공할 때 얻을 수 있다. 미술에서는 자연이나 주위 환경 속에서 접할 수 있는 사건이나 사물 등에서 느껴지는 감성, 예민한 시지각력, 직관력 그 자체를 소중히 여긴다. 숫자나 문자에 의해 구속받지 않고 자기 나름대로의 감성을 소중히 여기며, 이를 표현하려 할 때 인간의 창의성은 향상될 수 있으며 무디어진 직관력과 감성이 길러질 수 있다.

2. 어린이 인성교육

1) 인성의 개념 및 구성요소

창의·인성 교육이란 창의성 교육과 인성 교육의 독자적인 기능과 역할을 강조하면서, 동시에 두 교육의 유기적 결합을 통해서 창의성의 발휘를 촉진하는 인성과 사회문화적 가치와 풍토를 조성하고, 올바른 인성과 도덕적 판단력을 구비한 창의적 인재를 육성하기 위한 교육전략이다. 지금까지의 교육에서는 창의성과 인성을 따로 분리하여 교육해 왔다. 얼핏 보기에 창의성과 인성은 서로 대립되고 연결되기 어려워 보일지도 모른다. 그러나 창의성과 인성의 두 영역은 서로 유기적으로 연계되어 있다. 인성 교육의 요소인 정직, 배려, 약속, 소유, 책임, 도덕적 예민성, 도덕적 판단력, 의사결정능력, 행동실천력이라는 부분은 독립성, 개방성, 몰입, 호기심, 문제해결 등을 강조하는 창의성 요소와 서로 보완되어야 하고 연결되어 논의되어야 하는 부분이다. 창의성을 '새롭고 가치 있는 것을 만들어 낼 수 있는 역량'이라고 정의한다면 인성은 '창의성을 사회 속에서 의미 있게 발현시킬 수 있는 역량'이라 정의할 수 있다.

사전적 의미에서 인성이란 사람의 성품, 각 개인이 가지는 사고와 태도 및 행동 특성을 의미한다. 인성에 대한 개념은 학자마다 다양하게 정의되고 있는데 이를 종합해 보면, 인성이란 개인의 독특한 특성을 바탕으로 길러지는 그 사람의 사람됨, 즉 신뢰롭고 협동적인 인간관계를 맺으면서 만족스럽고 행복한 삶을 사는 생활태도와 품성으로 정의될 수 있다.

문용린(2010)은 인성 교육의 요인을 인간관계덕목과 인성판단력으로 구분하였다. 인간관계덕목에는 정직, 약속, 용서, 책임, 배려, 소유가 포함이 되며, 인성판단력에는 도덕적 예민성, 도덕적 판단력, 의사결정능력, 행동실천능력이 포함된다. 또한 교과부에서는 유아 인성 교육의 내용을 배려, 존중, 협력, 나눔, 질서, 효(경로효친)로 선정하였다.

영역	내용
배려	타인의 필요와 요구에 민감하게 반응, 공감하는 것
존중	사람이나 사물은 기본적으로 그들의 존재만으로 존중할 가치가 있음을 인식하고, 그 가치에 대하여 소중히 여기는 것
협력	두 명 이상의 구성원이 공동의 목표를 설정하고, 이를 달성하기 위하여 개인적 책임을 다하고 서로 조언 및 조력을 주고받는 것
나눔	자기 스스로 우러난 마음에서 남을 돕기 위해서 하는 일로, 대가를 바라지 않고 지속적으로 도와주는 것
질서	민주주의 사회에서 책임 있는 민주 시민으로서 살아가기 위해 필요한 사회규범을 지키는 것
효	자식으로서 인간 된 도리를 충실히 하는 것

2) 어린이의 창의 · 인성 발달의 교육적 의미

유아기부터 발달에 가장 중요한 것은 다양한 자극과 풍요로운 환경이다. 태중에 있을 때의 태교가 유아 발달의 초석을 마련한다면 영유아기의 교육과 환경은 유아의 재능과 발달을 풍성하게 할 수 있는 결정적인 두 번째 기회라고 할 수 있다. 따라서 적절한 자극과 경험이 주어지면 유아는 무한한 잠재능력을 키울 수 있지만 그렇지 못할 경우 아이는 자신이 지닌 가능성의 문을 닫아버리게 된다. 이는 창의성과 인성 교육에서도 마찬가지이다.

유아기는 인성 발달의 결정적 시기이다. 인성은 타고나는 본성이 아니기 때문에 인간다운 품성을 지니려면 교육을 통해 가르쳐야 한다. 유아기의 인성은 단계별로 다르게 발달한다. 만 1~3세는 기초적 인성(기본생활습관, 자아개념)이 발달하고, 만 3~4세는 사회적 인성(대인관계, 주도성), 만 4~5세는 도덕적 인성(도덕성)이 발달해 나간다. 따라서 교사는 유아가 연령에 따라 적합하게 인성을 키워갈 수 있도록 체계적인 준비와 지도를 해야 한다.

Lickona(1998)는 인성적 경험은 유아가 어렸을 때 어떠한 경험을 습관화하였는지에 따라 성장 후 인성에 큰 차이를 보이게 되며, 인성 교육에서 가장 강조되어야 하는 덕목은 존중(respect)과 개인적 책임감(responsibility)이라고 하였다.

창의성은 어렸을 때부터 시작해서 급격히 발달하여 청소년기나 성인 초기에 정점에 이르게 된다. 그러나 유아기에 적절하게 창의성을 발달시키지 못하여 감퇴현상이 일어나면 청소년기나 성인기에 다시 창의성을 발달시키기에는 어려움이 있다. 따라서 유아를 대상으로 하는 창의성 교육은 매우 중요하다. Guilford는 창의적 활동은 후천적 학습을 통해서 계발될 수 있다고 믿었으며, Torrance도 모든 아동들이 적절하게 훈련만 받으면 창의성은 증진된다고 보았다. 호기심, 상상, 탐색의욕은 인간의 아이에게 생득적으로 풍부하게 주어진 자연적인 자산이다. 이를 이용한 다양한 경험들은 어린이가 성인이 되었을 때 가지게 되는 창의성의 바탕이 될 것이다.

3. 창의성과 인성교육을 위한 미술활동의 통합적 접근

1) 통합적 어린이 미술교육의 의미

어린이의 전인적 발달을 위한 "교육의 미술적 접근"에 대한 교육학자들의 언급은 오래전부터 계속되어왔다. 어린이기의 감각경험을 통한 교육을 최초로 강조한 코메니우스는 감각은 인식의 최초의 단계이며 가장 확실한 도구이므로 모든 사물은 가능한 한 감각에 의해 파악되어야 한다고 주장했다. 이러한 감각적 교수법의 원리는 페스탈로치의 직관주의 교육으로 이어졌다. 감각적 인상이야말로 학습의 유일한 기초일 뿐 아니라 지식의 중요한 기초라고 보고 직관, 관찰, 감각적 지각에 의한 교수법을 강조하였다. 또한 헤르바르트(Herbart)도 직관에 의한 교수법을 강조하였다.

교실에서의 통합적인 미적 경험을 주장한 듀이(1938)는 교육은 어린이를 위해 생동적인 경험이 되어야 하는데 미술은 이것을 가능하게 한다고 하였다. 또한 미술을 통해 인류의 역사를 학습할 수 있으며, 미술사 책을 보면서 인간경험에 관한 시각적 표현뿐만 아니라 아이를 낳아 기르는 애정의 단계부터 전쟁에 이르기까지 사회적 상호작용이 조직적이면서 풍부하게 잘 나타나고 있음을 느끼게 한다. 즉, 작가들의 미술작품들은 다양한 인간경험에 대한 표현이므로, 미술의 이해를 통해 우리가 살아가는 세상에 대한 이해를 더 잘할 수 있으며 타인을 이해하는 데에도 도움이 된다.

아동기 교육의 미술적 접근이 효율적인 이유를 손더스(Saunders, 1969)는 다음과 같이 제시했다. 첫째, 교과내용을 다양하게 지도할 수 있으며, 둘째, 문제해결에서 창의성과 풍부한 감성능력을 개발시킬 수 있다고 하였다.

1970년대 초기 독일의 슈타이너(Steiner, 1972)에 의해 개발된 발도로프(Waldorf) 교수법은 드로잉과 페인팅, 찰흙 작업과 야외작업 등을 유치원~초등학교 저학년 어린이의 모든 교과목에 통합시켰으며, 이러한 교수법은 모든 교과목에 "감정(느낌)"을 불러일으킨다고 주장하였다. 이러한 직관적인 느낌은 언제나 살아 숨 쉬어야 하고 특히 교육의 기초가 이루어지는 어린이 초기에 있어서는 더욱 중요하다고 보았다. 그는 논리적 사고나 왼쪽 두뇌의 기능도 중요하지만 더 중요한 것은 어린이들이 자신의 감정을 이해·수용하며 감정을 조절하고, 동기화시킬 수 있으며 타인의 감정을 이해하고, 상호교류할 수 있는 것이어야 한다고 강조하였다.

"교실에서의 위기"를 지적한 실버만(Silverman, 1970)은 미술은 하나의 장식물이 아니라 긍정적인 의사전달의 한 형태로서 학교의 전체 교육과정과 생활에 스며드는 감정표현의 중요한 방법이 될 수 있다고 보았다. 그러나 사회는 글쓰기나 분석적 사고, 사물이나 상징기호들이 연계성을 갖고 배열하는 등의 왼쪽 뇌에 기인하는 활동들을 기본적인 것으로 간주하는 반면, 그림을 그리고 음악을 창작하고 부분적인 관계들을 시각화하려는 노력, 또한 자기감정을 수용하고, 긍정적인 상호작용을 격려하는 과정 등은 대수롭지 않은 활동으로 간주하는 경향이 강하다. 아울러 과학은 인간생활의 향상을 위해 직접적인 도움을 준다고 여기고 관심을 갖지만, 미술은 손쉬운 것으로 여기는 경향으로 인하여 미술적 접근방법을 적용한 다양한 교수방법을 개발하는 것에 소홀하였다.

그러나 아이스너(1972, 1976)는 교육의 실제적인 목적인 전인교육을 실천하는 데는 과학적 접근방법만으로는 충분하지 않으며, 이러한 것을 달성하기 위해서는 미적인 철학이 포함된 미술적인 접근이나 미술교육을 병행함으로써 전인교육을 위한 목적을 달성할 수 있다고 주장하였다. 이는 미술 형태에 대한 이해 및 미술활동은 단지 미술교육에만 국한될 것이 아니라 감성지능 개발 및 교과 교육의 교수나 프로그램 개발에 적용될 수 있다는 가능성을 의미한다.

문화적 배경이 다른 어린이들을 대상으로 미술을 통하여 다양한 사회와 문화를 이해시키기 위해 교사들의 교수행동을 연구한 실버만(1972)의 여러 실험적 접근과 교육의 효율성을 높이기 위한 미술적 프로그램 개발연구(이수경, 1994a, 1994b) 등의 여러 연구들은 미술적 접근 교수법의 한 예로서, 이는 미술 외에도 여러 가지 다양한 교육의 목적을 성취하는 데 활용될 수 있음을 보여준다.

즉, 미술이 미술 자체만의 의미로 국한되지 않고 미적인 능력뿐 아니라 인지발달, 어휘력 향상, 창의력 개발, 긍정적이고 진취적인 자아의식, 정신건강, 사회성 개발과 각 교과에서 중요한 개념들을 학습하도록 하는 데 상당한 효과를 지닌다는 것을 제시하였다. 예를 들면 명화감상 및 미술활동을 실시하면서 어린이들에게 그들이 무엇을 좋아하고, 싫어하는가에 대한 선택을 하게 할 뿐 아니라 자연과 인공의 두 환경에 관해 배우는 기회를 제공할 수 있다. 또한 명화는 역사적으로 다른 시기의 사건들을 보여주고 관심을 갖게 할 수 있으며, 창의적인 글짓기 활동에 관해 다양한 주제를 제공한다. 특히 교사들에게 새로운 교수법으로 의미를 지닌다고 보고하였다.

예를 들면 '가족생활의 일면'들이 다루어질 때, 이들과 함께 있는 엄마 모습이 그려진 그림들을[예: 〈쿠피 마돈다〉(라파엘 작), 〈아이를 안은 집시 여인〉(모딜리아니 작)] 이용하면 어린이들의 미학적 감성을 높여주면서 또한 모성애에 대한 심상을 느끼게 할 수 있는 좋은 예가 된다.

하우스만(Housman, 1985)은 고흐의 '별이 빛나는 밤'을 자세히 들여다봄으로써 어린이들은 실제 처해 있는 교실이라는 상황을 벗어나서 밤하늘을 상상하며 바라볼 수 있다고 하였다. 특히 하늘을 드라마틱하게 그리는 것은 과학 교과과정에서 핼리혜성이나 천문학, 우주여행 등에 대한 폭넓은 지도를 연구하는 데 훌륭한 학습수단이 될 수 있다.

선사시대의 동굴벽화나 역사에 걸쳐 인류가 살아온 벽화 그림들을 감상하면서 과거를 떠올리는 사회학습을 실시할 수 있다. 이와 유사한 주제의 판화들은 인류 초기의 가옥이 어떠했는지에 관한 일례를 보여주는 데 도움을 준다. 제시된 그림들의 유사점과 차이점에 관해 토의하면서 어린이들은 자신의 정원이나 집에서 일어난 일들과 그림에서 보이는 장면들을 비교해 볼 수 있다.

즉, 교육의 미술적 접근은 어린이로 하여금 좀 더 자기중심적인 면에서 탈피하여 문제를 해결하도록 도움을 주며, 인생의 표현적 · 감정적 측면들을 이해하도록 돕는다. 어린이들에게 의미 있는 통합적인 미술적 경험이 제공된다면 그들은 기본적인 학습을 발전시킬 수 있으며, 이러한 경험은 앞으로 인생을 살아가는 데 도움이 된다. 어린이들의 미적 창조뿐만 아니라 미술의 문화적이고 역사적인 맥락에 대하여 사실에 대한 추측을 하며 그리는 능력과 미술을 전달하는 강력한 아이디어를 분석하고 해석하는 능력으로 확대시킬 수 있다.

즉 여러 선행 연구를 통하여 시각적 사고는 창의적 사고과정에 결정적이고 중요한 부분임이 밝혀졌고 창의적인 사람은 두뇌의 양쪽 반구를 함께 사용한다는 것을 알 수 있다. 즉, 창의성이 개발되려면 양쪽 두뇌의 사고가 구별 없이 존중되어야 하며 각각은 다른 것을 보완할 수 있어야 한다.

교육에 있어서 중요한 것은 양쪽 두뇌가 지닌 능력의 통합에 있다고 하겠다. 미술활동은 사고의 양쪽 특성을 통합하는 능력이 있으며, 어린이에게 시각적이고 조형적인 미술 접근법은 이미지로 떠오르는 오른쪽 두뇌와 연속적인 것으로 연결되는 왼쪽 두뇌 사이를 자연스럽게 연결시켜준다고 할 수 있다(이수경, 2017).

2) 통합적 미술프로그램 구성 특징

아동기 통합적 미술 프로그램은 다음과 같은 특징을 지닌다.

(1) 바람직한 인성교육에 기초한 미술적 접근 방법을 기본으로 한다

통합적 미술프로그램은 미술을 통하여 인간 내면에서 우러나오는 긍정적인 표현과 감상활동에서 감성을 북돋아주고 어린이로 하여금 그림을 그리고, 만들고, 꾸며보려는 의욕과 흥미를 가지게 하여 풍부한 미적 경험을 제공해주는 데 목적이 있다.

첫째, 미술적 경험은 긴장을 해소시키고 파괴적인 충동을 완화시켜 준다.

둘째, 자아 내부의 여러 갈등을 정화시켜 주며, 통일과 조화의 평정상태를 일으키도록 하는 데 도움을 준다.

셋째, 지각과 분별력을 향상시켜 준다.

넷째, 상상력을 개발시켜 주며, 스스로를 타인의 입장에 서게 하는 능력이 있다.

다섯째, 정신건강에 도움을 준다.

여섯째, 상호 공감과 이해를 향상시킨다.

일곱째, 조화로운 인성교육에 대한 바람직한 상을 제공해 준다.

이는 미술적 경험이 교육의 이상인 원만하고 조화로운 인성을 형성할 수 있다는 면을 보여준다. 교과 위주의 교육이 오늘날 인간 형성의 불균형을 초래하였고, 많은 사람들에게 교육에 대한 회의와 함께 새로운 변화를 요구하는 데 있어 많은 시사점을 준다. 미술적 경험을 다양하게 제공하고, 미술적 활동을 통하여 이루어지는 감성교육은 조화로운 인간을 길러낼 수 있다.

(2) 창조적인 표현활동에 중점을 둔다

모든 창조적 능력은 경험적 학습과 선천적 상상력이 동시에 상호 관련이 지어질 때 효율적으로 일어난다. 내재하는 잠재력인 창의력을 존중하고 이를 최대한으로 개발시키는 것이 교육의 공동 목표이다. 미술은 실상의 세계를 가시화하여 창조하며, 개인의 경험을 시각적인 것으로 새롭게 조형화하여 표현할 수 있다. 미술에서의 창의성은 자연이나 사물을 관찰하고 독창적으로 상상하며, 합리적인 이용과 미술표현에 따라 이루어지는 창의적인 조형활동으로 나타난다.

(3) 전인적 발달에 중점을 둔다

전인교육이란 어린이의 신체, 사회적 관계, 정서 및 창의적 표현, 언어, 사고능력 등이 생활 전반에 걸쳐 고르게 발달하도록 돕는 것으로 미술적 경험은 전인적 발달을 돕는다. 특히 미술적 경험은 감각과 지각력, 대·소근육의 미묘한 통제를 필요로 한다. 미술은 자기표현의 한 수단으로 이용되며, 억압된 정서를 해소할 수 있는 기회를 제공함으로써 정신건강에 도움을 준다.

정서의 성장은 자기중심적 사고를 극복하고 자기 자신을 관심의 대상으로 바라볼 수 있게 하는 데 있다. 미술작업과정에서 다른 사람들과의 관계를 원만하게 하는 경험과 자신의 감정을 표현활동으로 자연스럽게 드러냄으로써 정화 및 성취감을 주고 긍정적인 자아개념을 발달시킬 수 있다. 또 다양한 재료를 탐색하고 나타나는 현상을 관찰, 실험하고 표현하는 과정은 인지적 성장을 가져오며 학습에 대한 자발적이고 능동적인 흥미를 높일 수 있다.

(4) 통합적 미술 접근을 실시한다

어린이의 인지, 사회, 정서, 신체, 발달이 서로 관련되어 있듯이 교육과정의 영역들도 서로 긴밀하게 상호작용을 하게 하는 통합적인 접근방법이 효과적이다. 어린이는 총체적인 방법으로 학습하는 전체적인 존재이며, 수, 과학, 미술, 사회, 언어 등의 영역 구분을 초월하여 창의적인 사고와 문제해결에 자신의 능력을 발휘한다.

통합적 미술 프로그램은 어린이집·유치원 교육과정 및 초등학교 1학년에서 중요하게 다루는 읽기, 쓰기, 수학, 슬기로운 생활, 바른 생활, 즐거운 생활에서 중요하게 다루는 주개념과 기능을 가르치는 데 사용될 수 있으며 아래와 같은 항목 중에서 한 가지, 혹은 여러 가지 항목과 연관될 수 있다.

첫째, 교과에서 목표로 하는 개념 및 기능을 발달시킬 수 있다.

둘째, 어린이의 흥미와 재능을 발달시킬 수 있다.

셋째, 자신과 타인에 대한 존경심을 기를 수 있다.

넷째, 감각운동 기능의 발달을 가져온다.

다섯째, 자연물과 인공물에 대한 탐색 및 감상 능력을 발달시킨다.

여섯째, 능동적인 자기표현 능력을 발달시킨다.

3) 교육과정과 미술의 통합적 접근

(1) 교육과정과 미술활동

교육과정이란 무엇을 가르칠 것인가를 밝히는 교육목표의 설정과 어떻게 가르칠 것인가를 밝히는 학습경험의 조직, 어떻게 평가할 것인가라는 평가의 과정을 포함하는 전체 교수활동을 뜻한다. 넓은 의미로서의 교육과정은 어린이가 학교나 여러 교육기관에서 배우는 모든 것을 의미하지만, 교육과정에 대한 또 다른 입장은 구분된 교과교육으로 보는 견해이다.

어린이발달이 서로 밀접하게 연결되어 있듯이 교육도 서로 긴밀하게 상호작용하므로 따로 구분하기 어렵다. 어린이의 지식구성과 기술발달은 교과영역에 따라 거의 구분되지 않는다. 즉, 어린이는 총체적인 방법으로 학습하는 전체적인 존재이며, 수, 과학, 미술, 사회, 언어 등의 영역구분을 초월하여 창의적인 사고와 문제해결에 자신의 능력을 발휘한다. 그러므로 교육내용은 통합적으로 실시되는 편이 바람직하다.

통합적 미술 프로그램에서 미술활동과 각 교과 영역과의 연관성을 살펴보면 다음과 같다(이수경, 2017).

① 미술과 수학

수학 프로그램의 지도방법이 영감을 불러일으키지도 않고, 반복적이며, 기계적인 계산만을 일삼는 것은 바람직하지 못하며, 어린이들에게 수학을 지도하기 위해서는 그들이 수에 대한 자신감과 직관적인 느낌을 갖도록 배려해야 한다. 미술을 수학활동에 연결시키고 좋아하는 그림을 수학 과목에 도입하는 것은 수학에 아름다움의 새로운 차원을 더할 수도 있다. 특히 유치원이나 초등학교 저학년 단계에서 지도와 학습의 수준이 향상될 수 있다. 미술제작과정 및 예술작품이 유치원~초등학교 저학년 수학활동에 활용됨으로써 어린이의 직관적이고 미적인 감각이 길러질 뿐 아니라 학습지를 이용한 수학학습에서 벗어나서 새로운 방법으로 수학능력을 강화시킬 수 있다.

② 미술과 과학

미술활동들은 어린이에게 일상생활 속에서 과학적인 원리를 발견하도록 도와준다. 즉, 미술활동은 미술로서뿐 아니라 물리적 지식활동으로서 재료의 탐색은 중요한 가치를 지닌다. 어린이에게 다양한 재료를 탐색하고 이를 다양하게 실험할 수 있는 가능성을 제공하고, 재료 탐색에서 일어나는 현상을 관찰, 실험하는 과정은 미술과 과학적인 원리를 이해하는 기초가 된다. 도형의 모양, 색깔, 배열위치 등을 다양하게 변화시켜보는 콜라주 작업, 식물재료를 이용한 색놀이, 사운드 아트, 명화 속의 동물 관찰 및 표현활동, 명화 속의 날씨 변화 관찰과 좋아하는 날씨 그리기 등의 STEAM(과학(Science), 기술(Technology), 공학(Engineering), 예술(Arts), 수학(Mathematics)) 교육활동을 통해 어린이들은 과학적 개념을 시각적으로 표현하는 과정을 경험하면서 과학 개념에 대한 이해도를 높이고, 예술적 표현력을 기를 수 있다. 또한 창의적 사고와 혁신적인 문제 해결 능력을 기르며 팀으로 협력하여 문제를 해결하는 과정 속에서 협업 능력 또한 기를 수 있다.

③ 미술과 언어/의사소통 기술과 읽고 쓰는 능력

미술은 어린이에게 비언어적인 것으로, 또는 경험한 것을 자유롭게 표현할 수 있는 기회를 준다. 어린이들은 자신의 느낌, 경험, 알고 있는 사실들을 미술활동으로 자연스럽게 표현하고, 자신이 그린 그림, 긁적거린 낙서 등에 대해 말하고, 의미를 부여하기를 즐긴다. 이때 교사가 그들의 표현에 함께 관심을 갖고 이해해 줄 때, 어린이들은 더욱 격려를 받을 수 있다. 또 그림을 그리고 이야기를 구성하며, 자신의 글자를 만들어 낼 수도 있고, 철자법이 틀린 글자를 적기도 한다. 이와 같이 긁적거리고, 도식을 만들고, 그림을 그리고 의미를 부여하는 작업, 자신의 글자를 만드는 일 등은 어린이들이 형식적인 읽기, 쓰기 과정을 갖기 전에 거쳐야 하는 중요한 표현 단계이므로 언어발달에서 중요한 의미를 지닌다.

또한 미술활동은 또래와 성인들과 함께 이야기를 나누면서 미술에 대한 어휘를 배울 수 있는 좋은 기회이다. 어른들은 자신의 미술작품이나 다른 이의 미술 작품들을 관찰·감상하면서 미술에 대한 어휘들, 즉 색채, 형태, 질감, 선, 움직임 등을 점차적으로 이해할 수 있다. 또한 선이 굵거나, 가늘고, 서로 엇갈리고, 구부러지고, 수평적이고, 수직적이며, 대각선, 꺾어진 선들을 이해할 수 있다. 기하학 도형에서 원형, 삼각형, 사각형, 자유형, 타원형의 이름을 알 수 있으며, 물감재료가 마른 것, 젖은 것, 딱딱한 것, 부드러운 것, 끈적이는 것 등의 다양한 언어를 접할 수 있다. 또 미술활동은 창의적인 사고를 길러주면서, 시각변별능력, 주의집중력, 소근육 발달, 눈과 손의 협응력 등을 향상시켜 주는 작업을 중심으로 실시되므로 읽고 쓰는 능력의 기초 작업으로도 효율적이다.

④ 미술과 사회학습

미술활동 속에서 어린이는 또래친구들과 재료를 나누어 쓰면서, 자기 작품에 대한 자신의 생각과 느낌을 나누면서 어떻게 소통하는지를 배운다. 또한 자기 초상화를 그려 보면서 자신의 모습을 나타내고, 신체 부위에 대해 인식하면서 타인에 대한 인식도 길러줄 수 있다. 미술활동을 경험하면서 예술가의 역할을 동일시해 볼 수 있다.

지역사회 여러 기관들인 박물관, 미술관, 화랑 등을 견학하면서 다양한 미술양식과 선사시대부터 내려온 미술품, 특히 다른 문화 양식에 대한 이해를 높이는 경험을 나눌 수 있다. 즉, 인도의 불상, 고구려 벽화, 신라의 천마도, 아프리카의 가면, 우리나라

전통가면, 피카소의 회화작품 등을 비교하면서 다양한 사회와 시대의 문화적 특성을 이해하도록 계획된 수업을 진행할 수 있다.

⑤ 미술과 표현적인 예술활동

미술은 창의적인 예술표현의 일부이며, 그 외 예술활동으로 음악, 율동, 극놀이 등을 들 수 있다. 미술활동과 음악, 율동, 극놀이 활동의 통합은 어린이교육과정과 초등학교 저학년에서 의도하는 것으로 어린이의 창의적인 잠재력을 길러주는 원동력이 되며, 예술을 통한 전인교육을 가능하게 해준다.

이와 같이 잘 계획된 시각적이고 조형적인 미술의 접근이 유치원 및 초등학교 저학년 교육과정에 통합이 되면 각 교육과정에서 목표로 하는 개념이나 기능뿐만 아니라 오른쪽의 뇌의 능력도 잘 발달하게 된다. 이미지를 활용한 문제해결을 통하여 어린이의 사고에 조화를 이루게 하는 아주 유효한 방법이 된다. 우리는 시간적으로 과거 역사적인 사건이나 과정으로부터 멀리 떨어져 있지만, 1,500년 전 고구려의 고분벽화나 초기 이집트의 에칭을 바라보는 것으로 시각적인 이해의 면에 있어서 어린이들은 다시 창의적으로 될 수 있다. 역사의 사건들은 친숙하지 않지만 어떤 그림들은 그 자체가 친숙한 느낌을 자아내게 한다.

미래의 사회는 창조적인 인간의 능력이 크게 부각되는 사회이며, 가장 자연적인 자원은 인간자원이다. 그러므로 학교는 창조적인 지도자를 교육해 내는 것이 급선무이며, 이는 미술이 교육에서 중요한 요소가 될 수 있는 이유 중 하나이다. 문제해결을 통해 창조력을 고무함으로써 어린이들은 새로운 방법으로 여러 그림을 보면서 다양한 양식과 다른 시각에 대해 알게 된다. 서로 다른 사람들의 차이점을 존중하는 것은 중요한 일이며, 수 세기에 걸친 미술을 감상하면서 어린이들은 인류의 역사를 시각적으로 잘 이해할 수 있게 된다.

숲 · 예술 · 창의 학교 통합적 미술 프로젝트 사례 소개

프로젝트	경주 신라문화재를 활용한 아동 통일문화예술 프로그램
실시기간	2016년 4월~8월
대상	초등학교 1학년~4학년
주제선정 이유	• 경주는 한반도 최초의 통일과업을 완수한 통일신라의 혼이 깃든 통일의 성지와도 같은 곳이다. 통일과 관련된 인물과 문화유적이 산재되어 있는 낭산은 경주 동쪽에 위치한 여러 개의 구릉으로 형성된 산으로 그 주변에 자리 잡은 궁궐, 왕릉, 사원 등 중요 유적과 깊은 관계 속에서 일찍부터 주목되어 왔다. 이에 지역사회와 연계하는 통일교육 체험의 장으로 활용하기에 충분하다 할 수 있다. • 지역사회의 문화유적지를 적극 활용하고 통일준비와 통일의 필요성 교육을 효율적으로 진행하기 위해 지역문화재를 활용하여 현장 체험 중심의 통합교육으로 실시하게 됨
교육효과	• 활동 과정 속에서 또래친구, 교사와 함께 협력하고 다양한 통합적 접근 활동과 협동 학습할 수 있도록 하며, 남북통일에 대한 자신의 생각과 느낌을 토론하는 시간을 가짐으로써 창의적인 사고와 타인과의 관계에서의 공감, 소통, 배려 능력이 향상됨.

〈문화유적 현장체험을 다녀왔어요〉

신라문화재를 보유하고 있는 문화유적도시인 경주에서는 다양한 통일문화예술 프로그램을 경험할 수 있다. 이에 관심을 가지고 우리들의 창의적인 생각들을 여러 가지 방법으로 표현해 보았다. 어린이들은 우리가 견학 가게 될 문화유적지에 대해 사전 조사를 한 후,

궁금한 부분들을 미리 생각해 보는 시간을 가졌다. 문화유적 현장 체험을 통해 어린이들은 궁금한 부분들을 해결하였고, 문화유적이 담고 있는 우리나라의 이야기에 관심을 가졌다. 현장 체험에서 돌아와 여러 가지 방법으로 미술 중점 예술통합놀이를 계획하여 실행하였다. 직접 관심을 가지고 계획하는 만큼 놀이에 대한 집중도와 만족도를 높일 수 있었으며 성취감 또한 높았다.

〈통일에 대한 협동화 그리기〉

우리나라는 분단국가임을 알고 우리가 통일을 위해 어떤 메시지를 표현해 보면 좋을지 서로 토의하여 결정하였다. 남한과 북한이 함께 만나서 서로 평화의 악수를 하고 여러 교통기관을 통해 서로 오고 갈 수 있는 환경이 되면 좋을 것 같다는 염원을 담아 큰 공동화를 구성하였다. 공동화를 구성하면서 통일을 주제로 한 다양한 이야기들이 펼쳐졌으며 이러한 이야기들은 공동화를 더욱 구체화시켜주었다.

〈통일이 되면 함께 불러요-노래 만들기〉 & 〈통일신문 만들기〉

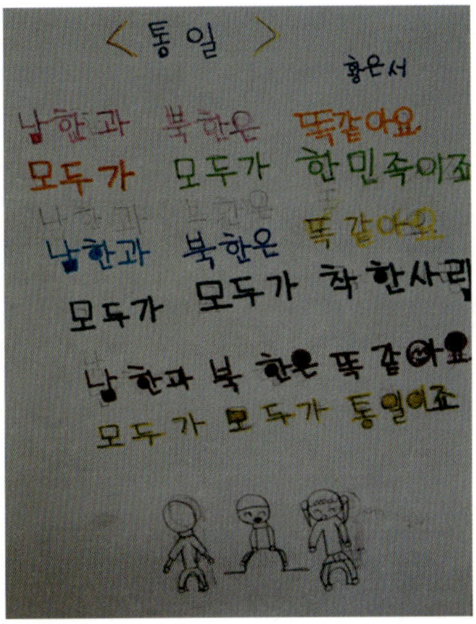

"통일"에 대한 주제로 많은 이야기를 나누면서 우리들의 생각을 담아 노래도 만들고 여러 통일 소식들을 담은 통일신문도 제작해보았다. 예술통합놀이를 통해 "통일"이라는 주제가 광범위하게 뻗어나갈 수 있었으며 어린이들도 생각이 실현되는 것을 경험하면서 여러 아이디어를 자유롭게 이야기하고 구상해 가면서 즐거워하였다.

〈통일 원정대-통일 깃발 만들기〉

우리는 한민족이었다는 것을 이해한 후, "통일"을 위해 우리가 직접 통일원정대가 되어보기로 하였다. 삼국통일을 했을 때의 우리나라 모습을 떠올리며 남북통일을 염원하는 원정대 깃발을 만들어 보았다. 어린이들은 통일문화예술 프로그램을 통해 통일에 대한 이해를 높여서 그런지 남북통일과 삼국통일을 연관 지어 표현하는 것을 많이 발견할 수 있었다. "통일"이라는 주제를 통해 역사에서부터 현재까지를 둘러볼 수 있었으며 또 우리들의 바람을 담아 공동화, 노래, 신문 제작, 원정대 깃발 제작 등 다양한 활동을 할 수 있었다.

〈남북통일 기념 조형물 만들기〉

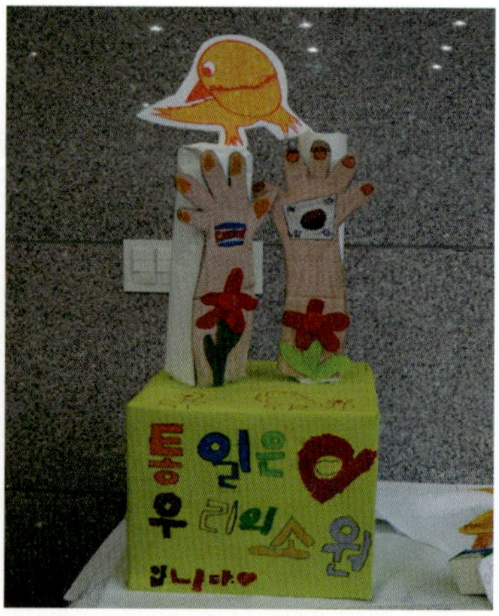

남북통일이 된 상황을 상상하며 기념 조형물을 만들어보았다. 통일이 되고 난 후, 만세를 외치는 동상, 두 손에 각 나라의 국기를 담아 하나 된 것을 표현한 동상, 우리나라의 지도를 닮은 호랑이 동상 등으로 표현하여 다양하게 남북통일을 축하하였다. 우리들이 만든 남북통일 기념 조형물은 전시하여 많은 친구들이 함께 감상할 수 있도록 하였다.

〈통일오계 쓰기〉

통일을 하기 위한 다섯 가지의 약속을 정해보았다.

1. 싸우지 않고 평화통일을 이룩한다.
2. 서로 협력하여 경제적 성장을 도와준다.
3. 서로의 문화를 이해하고 잘 받아들인다.
4. 서로 협동하여 회사를 만들고 같이 운영한다.
5. 강대국의 힘을 빌리지 않고 통일을 이룬다.

통일 프로젝트를 하면서 통일을 염원하는 활동들도 했지만 실질적으로 통일이 되기 위해서 어떤 노력을 해야 하는지에 대해서도 깊이 있게 이야기 나눌 수 있어서 좋았다. 어린이들의 생각이 기대보다 더 구체적이었으며 아주 세심한 부분까지 고려하고 있다는 것을 발견할 수 있었다. 통일에 대한 이야기를 할 때마다 진짜 통일이 이루어질 것 같다며 기뻐하며 좋아하였다.

〈통일된 상황을 극놀이로 표현하기〉

통일이 되면 어떤 상황에서 통일을 발표할 것이며 그 모습은 어떠할지 토론을 통해 충분히 이야기를 나눈 후, 직접 대본을 구성해서 극놀이로 표현해 보았다. 열정적으로 대본을 구성한 후, 극놀이로 표현할 때에는 실감 나고 생생하게 표현하여 전달하였다. 직접 구성한 대본이어서 그런지 극놀이를 할 때에도 웃음이 끊이지 않았다.

〈통일 나무〉

통일이라는 나무가 있다면 어떤 모습일까를 상상해서 통일 나무를 창의적으로 표현하였다. 통일을 상징하는 단어들에 대해 이야기를 나눈 후, 사랑, 협동, 평화, 만남, 배려, 행복이라는 단어가 열린 나무를 구성해 보았다. 통일 나무를 구성하면서 어린이들도 관계에 있어서 사랑과 협동, 배려와 행복이 얼마나 중요한지에 대해 다시 한번 느껴보는 시간을 가졌다.

〈통일 소원탑〉

통일을 바라는 소원을 그림으로 표현하여 우리들만의 소원탑을 구성하였다. 재활용품 상자에 흰 종이를 입혀 우리들의 소원을 담은 그림을 그렸다. 그림을 그리고 색칠하는 어린이, 동시를 적어 마음을 표현하는 어린이, 편지를 적어 통일을 표현해 보는 어린이 등 다양한 방법으로 제작된 소원탑이 완성되었다.

〈통일 배 제작〉

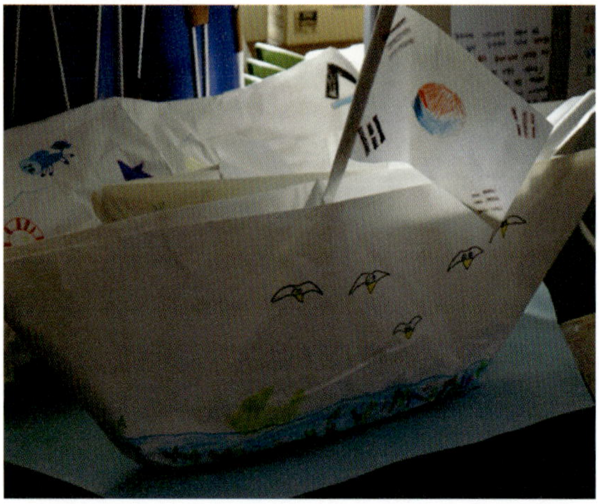

통일을 위한 배를 제작해보았다. 우리가 직접 타고 갈 수 있는 크기의 큰 배를 만들어보자는 의견이 나와서 재료선정부터 배를 만들기 위한 설계도를 구성한 후, 모두 힘을 모아 배를 제작하였다. 종이로 만든 배라서 직접 타볼 수는 없었지만 어린이들이 함께 마음을 모아 만든 배인 만큼 우리들의 통일에 대한 마음을 실어 이루어줄 수 있을 것 같았다.

〈북한 친구에게 편지 쓰기〉

통일이 되면 우리의 친구가 될 북한 친구들에게 우리들의 마음을 담아 편지를 썼다. 편지 쓰기 활동을 통해 그동안 우리들이 통일 프로젝트를 하면서 느꼈던 마음을 구체적으로 표현할 수 있어서 좋았으며, 정말 우리들의 마음이 북한 친구들에게 닿았으면 좋겠다는 마음을 낼 수 있어서 의미 있었다.

숲 · 예술 창의력 증진 프로젝트

〈교육목적〉

- 숲 · 자연명상과 예술활동을 통해 창의력 증진 및 창의적 예술 표현을 향상
- 긍정적인 정서, 사회발달을 도모하여 행복한 삶 증진

〈교수-학습 방법〉

- 교사-어린이-부모의 상호존중의 협력체제 속에서 어린이의 흥미와 욕구, 개성을 존중
- 어린이 주도적 교육 접근 방법에 중점을 둠
- 소집단으로 실시하는 협동학습 격려

〈숲 · 예술 창의력 프로그램〉

- 숲 체험활동, 걷기명상, 요가명상, 창의적 놀이
- 미술활동을 통한 다양한 표상활동, 연극놀이, 수묵화, 사물놀이, 인형극놀이, 문학활동

〈숲 · 예술 창의력 프로그램의 기대효과〉

- 숲 · 명상활동 및 예술활동을 통해 잠재되어 있던 어린이의 창의성 및 감수성을 일깨워 줌
- 명상활동을 통한 집중력 및 창의적 표현력을 향상시켜줌
- 어린이의 스트레스를 완화시켜 정서적 안정감을 줌
- 다양한 표상활동을 통하여 창의적인 생각과 통찰력을 기를 수 있음
- 어린이의 전인적 발달과 예술적 민감성 및 창의적 능력을 향상시켜 건강하고 행복한 어린이로 성장할 수 있도록 돕고자 함

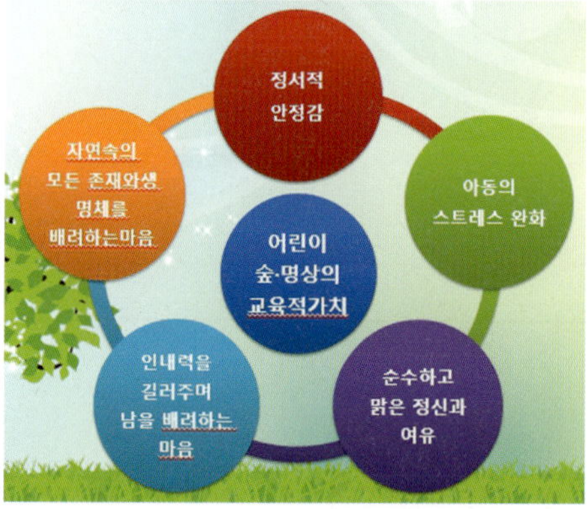

◉ 숲 명상활동

숲·예술 창의력 프로그램에서 경험한 숲 명상활동의 종류는 호흡명상, 맨발걷기명상, 자연교감명상, 요가명상, 명상 후 숲 체험활동 등으로 나뉜다.

▷ 명상활동-자연교감명상 및 호흡명상

자연에서 호흡을 통해 고요함을 느끼고 자연과의 교감을 통해 살아있음을 경험한다. 숲에 도착하여 나의 나무를 하나 선정한 후, 나무에 기대어 편안한 자세로 앉는다. 눈을 감고 숲에서 다가오는 향기, 소리, 촉감 등을 고스란히 느끼며 교감한다. 이러한 활동을 통해 어린이들은 자연과 하나 됨을 느끼고 집중력을 기를 뿐 아니라 자신이 느낀 것을 창의적으로 표현할 수 있다. 또 호흡명상을 통해 호흡을 조절해 보기도 하고 온전히 자신의 호흡을 따라가며 편안한 고요함을 경험해 본다.

▷ 명상활동-맨발걷기명상

"숲을 걸으면 어떤 일들이 벌어질까?"를 걷기명상을 통해 경험해 보았다. 걷기에 집중하며 자연과 하나 되어 걸어보면서 어떤 것을 느끼게 되는지 함께 이야기 나누어 보는 시간을 가졌다. 어린이들은 맨발로 걸으면서 처음에는 신기해하고 장난하는 모습도 보였지만, 이내 집중하여 걸으며 자신의 마음과 발에서 느껴져 오는 여러 가지 느낌을 고요히 느껴보는 모습을 보였다. 숲에서 걷기명상을 한 경험은 어린이들에게 특별함으로 다가왔다고 하였다.

▷ 명상활동-나무 교감명상

나의 나무와 하나가 되어 서로 교감하는 경험을 하였다. 가슴 위에 손을 얹고 나의 심장 소리를 느끼며 나무와 교감해 보기도 하고 나무에 기대어 나무에서 전해져 오는 느낌을 등으로 온전히 느껴보는 시간을 가지기도 하였다. 또 나무를 꼭 껴안아 나의 마음을 전해보기도 했다. 이때, 마음으로 전하기도 하고 나무에게 직접 속삭여보기도 하였다. 명상을 하는 경험이 지속될수록 어린이들은 명상시간에 진지하게 참여하는 모습을 보였다.

▷ **명상활동-요가명상**

실내와 숲에서 다양한 요가명상을 경험하였다. 요가명상을 통해 온몸을 스트레칭하였으며, 온몸 구석구석 모든 부분에 관심을 가지고 느껴볼 수 있었다. 그중에서도 특히 친구들과 함께 하는 요가명상이 인기가 많았다.

▷ **명상활동 이후 숲 체험활동**

－숲에서 '무궁화 꽃이 피었습니다' 활동하기

－자연물을 이용한 숲 체험활동

숲에서 놀이를 즐긴 어린이들은 놀이는 넓은 운동장에서만 할 수 있는 것이라 생각했는데 숲에서도 여러 가지 놀이를 함께 할 수 있다는 것이 너무 신기하고 재미있다고 표현하였다. 숲에서 "무궁화 꽃이 피었습니다"도 해보고 자연물을 이용하여 다양한 조형물을 구성해 보면서 재미있는 경험을 해 보기도 하였다. 이러한 과정을 통해 숲이 얼마나 훌륭한 놀이터인지 알 수 있었으며 숲과 하나 되어 교감하게 되었다.

▷ 명상활동 이후 어린이의 변화

초기활동의 모습	명상활동에 참여하지만 금세 싫증 내고 산만해지는 모습
명상활동 이후 모습	• 명상활동에 적극적으로 참여하며 명상활동 후에 이루어지는 숲 체험 활동에서 자연물을 집중하여 관찰하고 탐구하는 모습 • 집중력이 더욱 증가하고 놀이활동에 있어서 지난 시간에 자신이 활동했던 것을 기억하고 연계하는 모습

◉ 창의적 예술활동

- 숲 · 자연 명상활동을 통해 방금 획득한 새로운 에너지와 지혜, 통찰력과 알아차림을 창의적이고 생산적인 활동으로 이끌어낸다.
- 어린이들로 하여금 새롭게 형성된 에너지와 창의력을 다양한 미술활동이나 극놀이, 문학적인 창작, 음악활동, 생각이나 느낌 나누기 등으로 표현하며 창의적인 문제 해결 등으로 발전시키도록 도와준다.

▷ 창의적 예술활동 사례 1: 백로공원

- 숲에서 백로의 생김새와 특징에 대해 관찰한 뒤 '백로공원'을 만들기 위해 토론활동으로 이어진다.

-숲 나들이를 하던 중, 우리 숲에 놀러 온 백로들을 발견하게 되었다. 매년 봄이 되면 우리 숲을 찾아왔다가 추워지면 다시 돌아가는 백로들을 자세히 관찰하는 시간을 가졌다. 백로들의 생김새, 특징들을 유심히 관찰한 후, 우리들이 직접 백로들을 위한 백로공원을 만들어 보기로 계획하였다. 백로공원을 구성하기 위한 토론을 심도 있게 했으며 어린이들은 구체적이면서도 깊이 있는 의견들을 표현하였다.

〈백로공원 설계도 그리기 및 설계도 완성작품〉

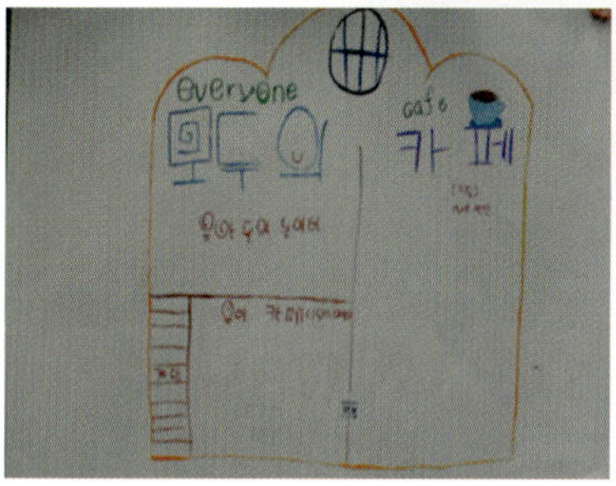

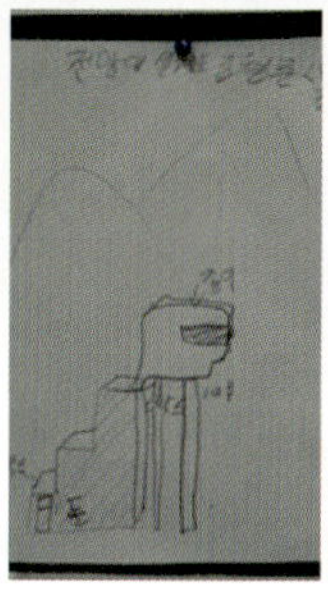

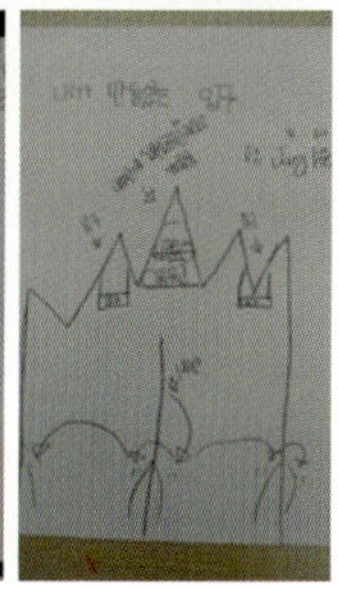

백로공원을 구성하기 위해 먼저 설계도 회의를 하였다. 백로공원에 어떤 것들을 구성할지 구체적으로 토론하여 백로공원의 설계도를 구성하였다. 백로들을 위한 카페, 공연장 등도 설계도에 담아보고 백로들이 편리하게 공원을 활용할 수 있는 방법에 대한 이야기도 함께 나누었다. 백로를 아끼는 만큼 백로들이 좋아하는 공원을 구성하기 위해 노력하는 어린이들의 모습을 발견할 수 있었다.

〈우리들이 협동하여 만든 백로공원〉

우리들이 제작한 설계도를 기반으로 한 백로공원을 구성하였다. 다양한 재료들을 이용하여 필요한 공간들을 만들었다. 어린이들은 공간 나누기부터 시작하여 짜임새 있게 백로공원을 하나씩 만들어 나갔다. 백로가 편안하고 즐겁게 놀 수 있도록 배려하는 모습들이 정말 진지하였다.

〈백로공원 분수를 만들기 위해 탐구하고 실험하는 활동〉

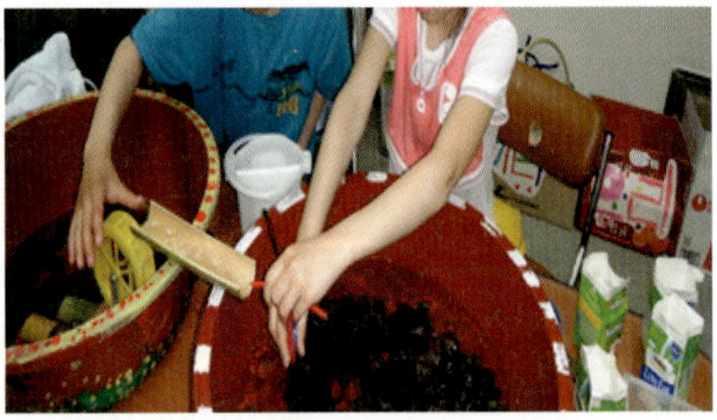

백로공원을 만들다가 공원에 분수가 있으면 좋을 것 같다는 의견이 나와서 어린이들은 분수의 원리에 대해 알아본 후, 먼저 분수에 대해 탐구하고 실험하는 활동을 하였다. 다양한 방법들을 시도해 보았으며 백로공원에 어울리는 분수를 만들기 위해 노력하였다. 어린이들은 마침내 분수의 원리를 실현시켰으며 백로공원에 분수를 설치할 수 있어 기뻐하였다.

▷ 창의적 예술활동 사례 2: 솟대 만들기

쓰나미, 태풍, 폭설 등의 환경오염으로 피해를 입는 사례에 대해 알아보고, 숲과 자연을 지키고자 하는 마음으로 솟대를 만들어보는 활동을 한다.

〈영상과 사진을 통해 솟대에 대해 알아보기〉

태풍이 지나간 후, 뉴스를 통해 여러 피해 사례를 들은 이야기를 함께 나누었다. 태풍의 위험과 태풍피해사례에 대한 이야기가 깊어질수록 어린이들은 태풍을 예방하기 위해서 우리들이 할 수 있는 일들에 대해 관심을 가지게 되었다. 자연을 지키고자 하는 마음을 담은 솟대에 대한 이야기를 듣고 우리가 직접 우리 숲을 위한 솟대를 제작하여 세우기로 하였다.

〈자연물을 이용하여 솟대 만들기〉

자연물을 이용하여 내가 만들고 싶은 솟대를 표현하였다. 나무와 짚끈을 이용하여 숲을 사랑하는 마음을 표현하는 어린이들의 모습에서 몰입감을 느낄 수 있었다.

〈완성한 솟대를 숲속에 배치하기〉

미술실에서 만든 솟대를 가지고 나와서 내가 심고 싶은 공간에 튼튼하게 심었다. 환경오염의 피해로부터 숲을 지키는 마음을 담은 솟대라고 생각해서 그런지 어린이들은 태풍이 와도 쓰러지지 않도록 깊이 땅을 파서 심었다. 멀리서도 보일 수 있게 솟대에 색을 입히는 친구들도 있었다. 어린이들의 진심이 담긴 만큼 태풍으로부터 우리 숲을 지킬 수 있을 것 같았다.

▷ 창의적 예술활동 사례 3: 자화상

화가 '고흐'의 자화상을 사진과 영상물을 통해서 알아보고 나의 생김새와 나에 대해 구체적으로 생각하고 표현해보는 시간을 가진다.

〈자화상에 대한 토론활동〉

자화상을 표현하기 위해 고흐의 자화상을 사진과 영상물을 통해 알아보았다. 그리고 자화상을 그리기 위한 토론에서 구체적으로 표현해보도록 하였다.

〈거울에 비친 자신의 모습 관찰하며 스케치하기〉

커다란 거울 속 나의 얼굴을 세심하게 관찰해 보았다. 오랜 시간 눈을 바라보며 눈이 우리에게 주는 고마움을 느낄뿐만 아니라 눈의 생김새를 면밀하게 관찰해 보았으며, 코와

입, 귀, 눈썹, 인중 등 얼굴을 구성하고 있는 여러 가지를 천천히 관찰하고 느껴보았다. 충분히 관찰하는 시간을 가진 후, 어린이들은 직접 종이에 그림으로 표현해 보았다. 어떤 친구들은 눈 속에 비친 자신의 모습을 표현하기도 하였다. 오랜 시간 관찰하고 그리니까 평소 발견하지 못한 부분까지 발견하는 모습을 관찰할 수 있었다.

〈명상을 통해 자기 자신 들여다보기〉

자화상을 그리면서 나의 얼굴을 관찰한 경험을 나누고 난 후, 명상을 통해 자기 자신을 들여다보는 시간을 가졌다. 온전히 나를 느껴보는 시간을 통해 좀 더 나를 이해할 수 있게 되고 사랑하게 되었음을 느꼈다.

〈자화상 작품〉

거울을 보며 스케치한 작품에 오일 크레용과 아크릴 물감을 이용하여 색칠하였다. 자화상인 만큼 자신이 평소 좋아하는 색깔을 먼저 사용하여 표현하는 친구들도 있었고, 그날의 감정을 색으로 표현하여 칠하는 친구들도 있었다. 자화상을 완성하고 난 후, 자신의 자화상이 마음에 든다고 이야기하는 친구도 있었지만 그림으로 만나는 자신이 어색하다고 이야기하는 친구들도 있었다.

▷ 창의적 예술활동 사례 4: 인형 만들기

천과 다양한 재료를 탐구하여 인형의 옷을 만들어보고자 하는 시간을 가진다.

〈자신이 만들고 싶은 인형과 옷을 스케치해요.〉

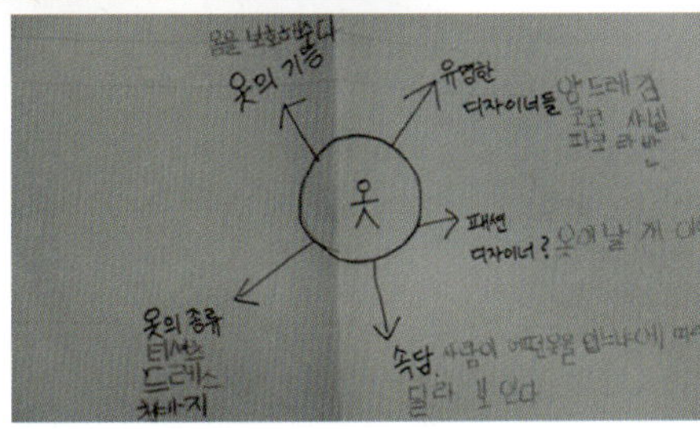

가장 좋아하는 인형에 대한 이야기를 나누면서 옷에 대한 브레인스토밍을 통해 서로의 의견을 함께 나누었다. 그러던 중 어린이들은 직접 인형과 옷을 만들어 보기로 하였다. 자신이 만들고 싶은 인형과 옷을 스케치하여 표현한 다음 어떤 재료를 사용할지 계획하였다.

〈재활용품과 다양한 천을 이용하여 인형 만들기 활동을 진행해요.〉

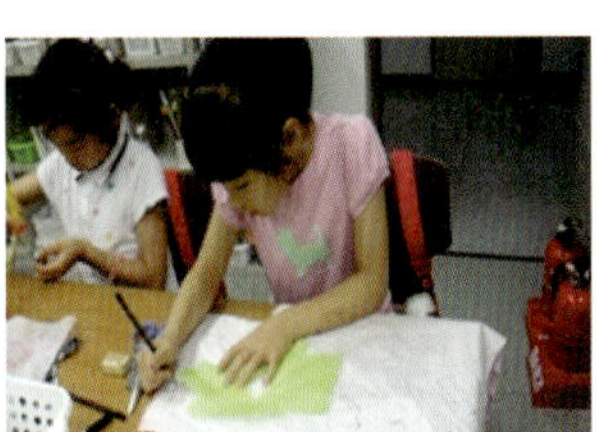

자신이 그린 스케치를 보며 인형을 만들 재료를 선정한 후, 다양한 재료를 이용하여 인형을 만들었다.

〈꿈의 궁전-인형 만들기〉

어린이들은 재활용품, 헝겊, 종이 등 다양한 재료들을 이용하여 인형을 만들었으며 우리들의 작품을 모두 합하여 "꿈의 궁전"이라고 이름 지었다. 꿈을 담은 인형들이 꿈의 궁전에서 함께하는 모습들을 보며 모두들 흐뭇해하였다.

▷ 창의적 예술활동 사례 5: 동시 쓰기

-숲에서 느끼는 생각과 느낌을 간단하게 글로 표현하는 활동을 가진다.

〈숲에서 동시 쓰기 활동〉

숲 체험을 통해 느낀 점들을 담아 숲에서 동시 쓰기를 하였다. 자신의 경험이나 느낌을 표현하는 동시라서 생동감 있는 내용들이 많이 나왔다.

〈동시 작품〉

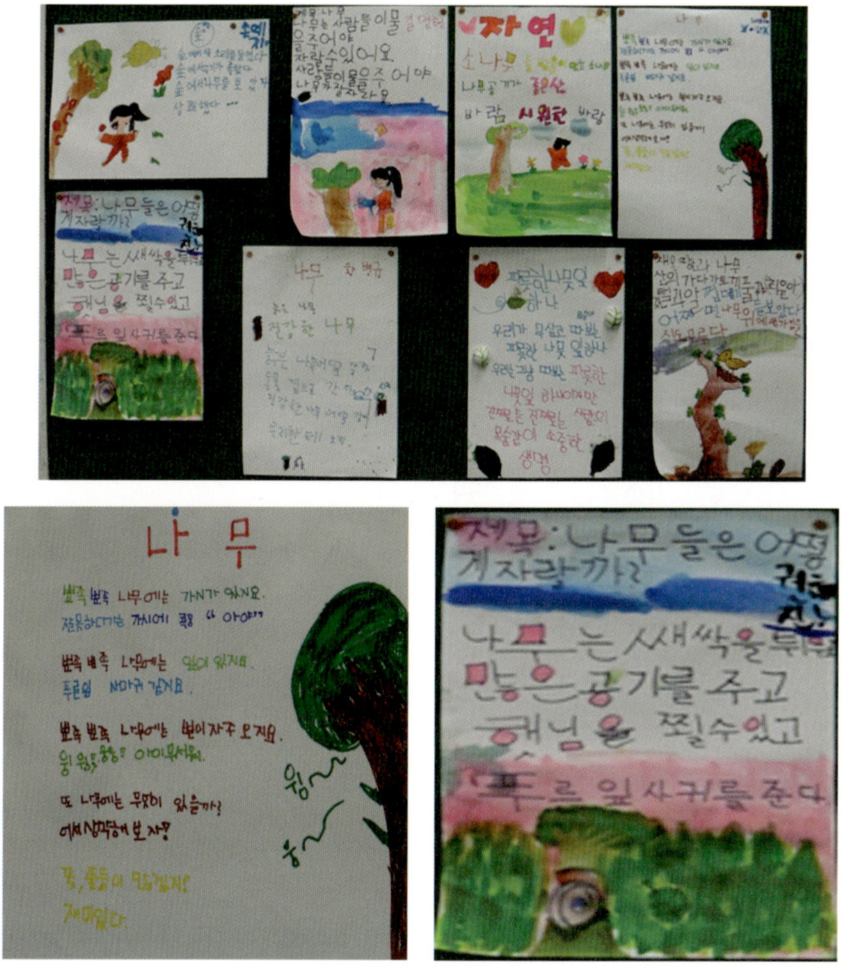

▷ 창의적 예술활동 사례 6: 찰흙작업

어린이들이 가장 쉽고 편하게 접할 수 있는 매체인 찰흙과 자연물을 이용한 작업활동이 이루어진다.

〈창의적 예술활동 찰흙작업 모습〉

▷ 창의적 예술활동 이후 어린이의 변화

초기활동의 모습	• 어린이들이 가장 쉽고, 편하게 표현할 수 있는 매체인 찰흙활동을 가장 선호함. • 주제에 금세 싫증을 내며 집중하는 시간이 짧고, 소극적인 표상활동을 보임.
명상활동 이후 모습	• 집중력 향상 • 풍부한 아이디어 • 토론활동에 있어 적극적으로 표현, 자신감 상승 • 찰흙 이외에 다양한 표현매체를 생각하고 사용함.

숲 · 예술 · 창의학교 프로그램 사례

동국대학교 WISE캠퍼스 불교아동교육연구소(숲 · 예술 · 창의 연구소)에서는 2009년부터 지역사회 유아 및 아동을 대상으로 숲 · 예술 · 창의학교 프로그램을 진행하였다. 숲 · 예술 · 창의학교에서는 숲 체험과 함께하는 예술활동, 다양한 명상활동, 창의적인 미술활동, 주체적으로 수업의 주제를 계획하고 창의적으로 풀어내는 활동 등을 하였으며 이로 인하여 유 · 초등학생들은 창의성과 창의적 리더십, 예술적 감성, 성취감, 만족감, 나아가 자존감과 행복감을 증진할 수 있었다. 숲 · 예술 · 창의학교의 활동을 간단히 소개하면 다음과 같다.

〈자연아! 만나서 반가워! 우리 친구 하자!〉

◉ 어린이와 자연이 친구가 되다.

숲 체험활동은 어린이에게 긍정적 효과를 가져다준다.

첫째, 정서발달 측면에서 어린이가 숲에서 활동하면 신경호르몬인 세로토닌 분비가 촉진되어 기분이 좋아지고, 스트레스가 해소된다. 또한 나무와 풀, 꽃 등 자연 속 생물들을 직접 관찰, 탐구하는 과정에서 호기심이 자극되고 정서가 안정화된다.

둘째, 인지발달 측면에서 숲속의 다양한 자연자원들이 아이의 호기심, 창의성을 크게 향상시킨다. 또한 잎, 나무, 돌 등 자연물을 이용한 게임이나 놀이를 통해 아이의 사고력, 해결력, 집중력이 오른다.

셋째, 사회성 함양 측면에서 아동교육 전공 교사, 가족, 친구들과 함께 숲 탐방을 하면서 협동심과 배려심을 기른다. 또 또래아이들과의 놀이 속에서 공동체 의식이 함양된다.

넷째, 건강증진 측면에서 오르막길 걷기, 나무 타기 등 신체활동량 증가에 따른 체력 향상 효과가 있다. 또한 신선한 공기를 마시며 산책하는 것도 면역력 향상에 도움을 준다.

다섯째, 환경 의식 제고 측면에서 자연스럽게 환경보호 의식이 생기고 자연친화적 태도가 함양된다.

◉ 숲이 주는 이로움 - 〈숲의 고마움을 알아요!〉

◉ "숲"에서의 교육효과

▷ 감각자극: 아름다운 풍경, 자연의 향기와 색, 소리 그리고 자연물을 직접 만지며 관찰하고 탐색하면서 오감을 발달시킬 수 있다.

▷ 숲의 소중함 인식: 숲의 경이로움을 발견하고, 인간, 동물 그리고 식물 모두가 공존하는 가치 있는 생명의 공간임을 인식한다.

▷ 책임의식: 숲 체험하는 과정에서 자연에 대한 신뢰성과 책임의식을 자연스럽게 고취하고 이는 환경문제에 대한 책임감을 증진한다.

▷ 창의력 발달: 사계절을 함께하는 다양한 자연물의 지속적인 변화는 호기심 많은 어린이들의 상상력과 창의력을 최대한 활성화한다.

◉ 숲 · 예술 · 창의학교의 프로그램 구성

(1) 감각 중심 활동

-숲 체험 속에서 오감으로 지각.

-자연을 자세히 관찰하면서 감수성과 집중력 있는 직관력이 발달됨.

(2) 놀이체험 활동

- 자발적인 놀이를 격려하면서 과정 중심적으로 체험.
- 자유로운 놀이과정 속에서 즐겁고 창의적인 놀이를 개발함.

(3) 명상 활동

- 자신과 자연을 자세히 관찰하고, 자연의 아름다움과 생명력을 발견함.
- 우주 만물의 모든 것이 하나임을 인식하고, 서로 상생하는 길을 모색함.

(4) 예술표현 활동

- 숲 체험, 명상과 연계된 느낌, 감정 및 생각을 예술 활동으로 표상함.
- 새롭게 알아차린 감각과 새로운 에너지, 지혜와 깨달음을 유용하여 생산적인 창작활동을 함.

(5) 소집단 활동(표상, 표의 활동)

- 상호작용을 통한 협력학습에서 다양한 관점을 접함.
- 서로의 의견이나 아이디어를 공유하는 토론과 협의 과정에서 학습한 내용과 과정에 대하여 반성하는 기회를 가짐.

(6) 학습자 중심 활동

- 학습의 주체는 어린이임을 명시하고, 교사는 관찰자, 안내자, 촉진자의 역할을 수행함.
- 격려와 질문을 통한 어린이의 학습동기를 부여하고, 어린이수준보다 약간 높은 수준으로 수업상황을 설정하여, 다양한 매체, 경험, 탐색활동 등의 기회를 제공하고 지원함.

◉ 숲 · 예술 · 창의 학교의 교육목적

첫째, 숲 · 명상 활동 및 예술활동을 통해 잠재되어 있던 어린이의 창의성 및 감수성을 일깨워 준다.

둘째, 명상활동을 통해 어린이의 집중력과 창의적 표현력을 향상시킨다.

셋째, 어린이의 스트레스를 완화시켜 정서적 안정감을 가져다준다.

넷째, 다양한 표상활동을 통하여 창의적인 생각과 통찰력을 향상시킨다.

다섯째, 어린이의 전인적 발달과 예술적 민감성 및 창의적 능력을 향상시켜 건강하고 행복한 어린이로 성장할 수 있도록 돕고자 한다.

◉ 숲 · 예술 · 창의학교의 교육내용

1단계		**1단계 : 숲 탐색 및 숲 속 신체놀이** ▷ 매주 대학교 뒷산등산 후 숲 속 탐색, 신체놀이 활동. ▷ 자발적 놀이는 몸을 움직여 즐기는 신체 놀이, 자연탐색놀이 및 전통놀이로 구성.

↓

2단계		**2단계 : 숲 속에서 즐기는 요가 활동 및 숲, 자연명상** ▷ 신체감각을 일깨우는 요가활동과 자연물과 교감명상 및 호흡명상 실시

↓

3단계	 	**3단계 : 창의적 미술표상 활동 및 예술 프로젝트** ▷ 숲에서 느낀 몸의 감각과 느낌, 생각 등에 대하여 소집단 토의. ▷ 자신의 느낌과 생각 등을 다양한 재료와 매체를 통하여 표현할 수 있는 미술 활동 ▷ 미술표현활동을 중심으로 '극'으로 발전 - 극본과 소품 제작, 무대구성 연습 (3~4주 연결)
4단계	 	**4단계 : 사후활동 (전시 및 발표하기)** ▷ 숲 체험,명상활동과 예술프로젝트를 하는 과정 동안 본인의 변화에 대하여 이야기 나누기. ▷ 그 동안 표상한 작품들로 전시 및 동극, 인형극 공연 ▷ 부모님을 초청하여 설명회 개최.

↓

◉ 창의적 예술활동이란?

◉ 숲 · 예술 · 창의 학교 교수학습방법

1. 어린이의 수준과 관심사를 고려하고, 선행학습과 연관된 자발적이고 능동적인 활동을 격려한다.
2. 소집단 협동학습(3~4명)으로 숲 체험 놀이 활동과 미술 활동을 계획하고 구성하도록 격려한다.
3. 교사와 어린이 상호작용을 통하여 간접적 교수방법을 적용한다.
4. 관심 있는 프로젝트 주제를 탐구, 표상하는 동안 소집단별로 협동하며, 자율적, 적극적인 학습자세를 고취한다.
5. 미술작품 제작 및 전시, 동극, 인형극 공연 등을 통하여 느낌과 생각을 공유하며 의사소통하는 시간을 중요시한다.

참고문헌

강문희 외(2007). 아동을 위한 감성지능 촉진프로그램. 서울: 시그마프레스.

강영식(2009). 숲 체험 활동이 환경 친화적 태도와 생명존중인식에 미치는 영향. 열린 유아교육 연구, 14, 137-158.

고경화(2003). 예술교육의 역사와 이론. 서울: 학지사.

교육과학기술부(2011a). 창의・인성교육 기본방안. 서울: 교육과학기술부.

교육과학기술부(2011b). 유치원 기본과정 내실화를 위한 인성교육 프로그램. 서울: 교육과학기술부.

교육과학기술부(2014a). 유아의 창의・인성 함양을 위한 영상매체 활용프로그램. 서울: 교육과학기술부.

교육과학기술부, 보건복지부(2019). 2019 개정 누리과정 해설서.

교육인적자원부(2004). 자기리더십프로그램. 서울: 교육인적자원부.

김경애(2011). 숲 체험활동이 아동의 감성지능과 생명존중인식에 미치는 영향. 동국대학교 교육대학원 석사학위논문.

김기원(2010). 숲과 교육의 만남. 서남재단 국제유아교육 심포지움, pp. 159-179.

김선규(2007). P. Gingivalis에 대한 피톤치드의 항균효과. 경희대학교 대학원 박사학위논문.

김영옥, 홍혜경, 이현경, 이규림(2005). 영유아 인성교육프로그램 마음씨앗 가꾸기. 서울: 다음세대.

김영채(2004). 명상지도가 주의력 결핍 과잉행동장애 아동의 주의집중 및 자아존중감 향상에 미치는 효과. 부산대교육대학원 석사학위논문.

김은숙(2010). 한국 최초 숲유치원 교육에 관한 연구: 인천대학교 숲유치원을 중심으로. 인천대학교 박사학위논문.

김인자(2015). 인성계발원론. 서울: 핵소미아.

김정, 이수경(1985). 유아를 위한 조형놀이교육. 서울: 교문사.

김정숙(2002). 수식관 명상이 초등학교 6학년 아동의 스트레스에 미치는 영향. 신라대 교육대학원 석사학위논문.

김지현(2003). 불교명상 프로그램을 통한 유아정서발달연구. 동국대학교 교육대학원 석사학위논문.

김지혜(2004). 숲체험을 통한 조직캠프 집단상담이 아동의 학교적응과 친구관계에 미치는 효과. 영남대학교 대학원 박사학위논문.

김태희(2020). 아이중심・놀이중심의 예술수업. 서울: 협동조합 착한책가게.

김형숙(2012). 예술교육을 통한 창의 인성 교육. 미술교육연구논총, 32, 1-29.

김혜진, 이수경(2017). 자연친화적 예술경험을 기반으로 한 과학 프로젝트가 아동의 과학적 태도 변화에 미치는 효과. 조형교육, 64, 41-65.

김효진(2006). 숲 체험활동이 유아의 감성지능에 미치는 효과. 광주대학교 산업대학원 석사학위 논문.

남효인, 이수경(2008). 명화감상활동이 유아의 창의성 및 창의적 그림 표현력에 미치는 영향. 조형교육, 32, 115-137.

남효창(2004). 나는 매일 숲으로 출근한다. 서울: 청림출판.

노영희, 김경철, 김호(2006). 유아교사의 자기 평정용 창의성 검사 도구 개발. 유아교육연구, 26(2), 93-121.

달라이라마, 하워드 커틀러(1998). 달라이라마의 행복록. 류시화 (역). 서울: 김영사.

류덕연, 성소영(2013). 숲체험 및 연계활동을 통해 나타난 유아의 변화. 생태유아교육연구, 12(3), 125-150.

문명순(2011). 유아 자연놀이에 관한 참여관찰 연구. 경성대학교 박사학위논문.

민숙영(2004). 명상을 활용한 인성교육 프로그램이 중학생의 정서와 스트레스에 미치는 영향. 아주대 교육대학원.

문용린(1996). 한국학생들의 정서지능 측정연구. 피터샐로비교수 초청강연회.

문용린, 최인수(2010). 창의・인성교육 총론. 2010년 인천교육 심포지움, pp. 21-29.

박경희(2005). 숲 체험 활동이 유아의 자아개념 발달에 미치는 영향. 동국대학교 교육대학원 석사학위논문.

박민지(2007). 명상을 통한 미술활동이 유아의 자아개념 및 창의적 미술표현에 미치는 영향. 동국대학교 교육대학원 석사학위논문.

박수원(2005). 걷기명상과 신체감사 명상이 농촌지역 초등학교 고학년 학생의 자아 존중감 향상 및 불안 감소에미치는 효과. 남부대 교육대학원.

박해수(2008). 학교 숲 체험학습이 학생의 감성지능에 미치는 영향에 대한 연구. 한국 교원대 교육정책대학원 석사학위논문.

손봉호(2010). 인성교육의 철학적 기초. 한국유아교육・보육학회 학술발표대회 논문집, 2010(2), 10-24.

실버만, C. E. (1970). 교실의 위기 Ⅰ, Ⅱ(인간화를 위한 교육). 배영사 편집실 (편역). 배영사 신서 59. 서울: 배영사.

아른하임, R. (1966). 예술심리학(상, 하). 김재은 (역). 서울: 이화여자대학교 출판부. 1992(상). 1992(하).

안경숙(2013). 뇌 기반 연구가 유아 행복에 주는 시사점. 한국영유아보육학, 80, 1-17.

오송희(2014). 숲 체험 활동이 유아의 감성지능과 자연에 대한 인식 및 태도 변화에 미치는 영향. 동국대학교 교육대학원 석사학위논문.

윤동혁(2006). 나를 살리는 숲, 숲으로 가자. 서울: 거름.

이가미, 김세곤(2017). 숲체험 활동에 대한 유아교사의 인식과 실천도: 생태유아교육적 관점에 기반하여. 교육연구, 3(1), 23-42.

이규진(2006). 자연체험활동이 유아의 환경에 대한 태도에 미치는 영향. 한국교원대학교 석사학위논문.

이명조(2001). 유아 교육과정 측면에서 창의성 발달과 교육. 미래유아교육학회, 2001년도 춘계학술대회, 67-87.

이명환(2007). 자연친화적 유아교육의 모델 독일의 숲유치원. 서울: 교육아카데미.

이명환(2010). 숲유치원 운영실제. 서남재단 국제유아교육 심포지움, pp. 193-207.

이병택(2003). 식물과의 상호 작용이 초등학생들의 감성 지능에 미치는 영향. 한서대학교 교육대학원 석사학위논문.

이소정(2019). 숲체험을 기반으로 한 예술놀이활동이 유아의 창의성 및 창의적 리더십에 미치는 영향. 동국대학교 대학원 석사학위논문.

이소정, 이수경(2020). 숲체험을 통한 예술놀이활동이 유아의 창의성과 창의적 리더십에 미치는 영향. 조형교육, 74, 251-284.

이소정, 이수경(2021). 숲체험과 함께한 예술놀이활동 프로그램이 아동의 창의성에 미치는 영향에 대한 단기종단연구. 조형교육, 79, 255-290.

이수경(1983). 어린이 인성계발을 위한 조형놀이 프로그램 개발 연구. 이화여자대학교 교육대학원 석사학위논문.

이수경(1985). 예술통합교육에 대한 연구. 조형교육, 1, 43-48.

이수경(1988). 동작활동이 유아 그림그리기에 있어서 창의적 표현력에 미치는 영향. 이화여자대학교 교육대학원 석사학위논문.

이수경(1994a). 교육의 미술적 접근 가능성 탐색을 위한 일 연구. 조형교육, 10, 127-135.

이수경(1994b). 초등학교 저학년 교육을 위한 미술적 접근 프로그램개발연구. 서울여자대학교 대학원 박사학위논문.

이수경(1996). 총체적 미술접근을 통한 유아 통합교육 프로그램 모형개발연구. 미술교육논총, 5, 65-89.

이수경(2002). Art Propel 교수학습이론에 따른 한국 불교미술 감상의 창의성 프로그램 모형. 조형교육, 19, 283-312.

이수경(2005a). 생태미술활동을 위한 유아명상프로그램 개발을 위한 사례연구. 조형교육, 26, 267-293.

이수경(2005b). 인성교육을 위한 불교생태유아교육의 실천방안. 불교유아교육을 위한 원장・교사 워크샵, 3, pp. 27-63.

이수경(2006). 어린이 인성교육을 위한 자연명상프로그램. 서울: 양서원.

이수경(2009). 명상활동이 유아의 창의성 및 창의적 그림 표현에 미치는 효과. 조형교육, 35,

231-257.
이수경(2010). 숲 · 자연명상 프로젝트사례, 숲과 생명, 어린이와 교육 어떻게 시작할 것인가? 동국대학교 불교아동교육 연구소. 2010년 전국 교사 교육세미나, pp. 17-44.
이수경(2011). 어린이 숲 · 예술 · 창의 프로젝트 연구. 숲 속을 걸으면 예술가가 됩니다. 동국대학교 불교아동교육연구소. 2011년 전국교사학술세미나, pp. 33-43.
이수경(2012). 숲 · 예술 창의 프로젝트 효과 연구 - 아동의 창의성, 창의적 미술표현, 감정 지능 중심으로 -. 조형교육, 44, 205-230.
이수경(2014). 아동의 감성지능 및 교과교육을 위한 교육의 미술적 접근. 한국조형교육학회(편), 꼭 읽어야 할 한국미술교육 40선(pp. 71-86). 파주: 미진사.
이수경(2015). 명상과 예술놀이로 교사의 행복한 마음 가꾸기. 동국대학교 불교아동교육연구소, 평생교육원. 교사 인성교육 2015 학술세미나 워크샵, pp. 31-51.
이수경(2016). 명상과 미술중점 예술놀이를 통한 교사 인성교육 프로젝트 연구. 조형교육, 50, 189-231.
이수경(2017). 아동미술교육. 파주: 양서원.
이수경(2022). 어린이 인성과 창의성 교육을 위한 숲 · 자연 명상놀이. 파주: 양서원.
이수경, 윤성원(2016). 숲 · 명상과 함께한 미술 활동이 유아 창의 · 인성에 미치는 영향. 조형교육, 58, 181-206.
이수경, 이부미(2006). 구성주의에 기초한 유아를 위한 명화감상프로그램 모형개발연구. 조형교육, 28, 267-295.
이수경, 이주연(1995). 창의력 개발을 위한 미술프로그램 기초연구. 조형교육, 11, 119-129.
이수경, 이주연(2014). 창의적 미술놀이를 위한 유아 창작 공예 100선. 파주: 양서원.
이연진(2011). 숲체험 활동 프로그램 적용의 교육적 의미 분석. 고신대학교 교육대학원 석사학위논문.
이옥자(2007). 학교 숲을 활용한 통합교육프로그램이 아동의 정서지능에 미치는 효과. 경인교육대학교 교육대학원 석사학위논문.
이윤희(2018). 누리과정의 유아 예술경험활동이 창의성과 사회적 기술에 미치는 영향. 가톨릭대학교 일반대학원 박사학위논문.
이정화(2006). 유아요가명상이 신체유연성 및 주의집중에 미치는 영향. 동국대 교육대학원 석사학위논문.
이정희(2017). 숲체험 활동이 유아의 자기조절, 행복충만감 및 호기심에 미치는 효과. 서울한영대학교 박사학위논문.
이종미(2002). 명상이 아동의 인성에 미치는 영향. 대구 교육대 교육대학원 석사학위논문.
이주연(1994). DBAE에 기초한 열린 교육으로서의 아동미술교육 프로그램 연구. 조형교육, 10, 163-168.

이주영(2007). 예술론 특강. 서울: 미술문화.
이지희(2020). 만2세 영아의 숲 놀이 경험의 교육적 의미 탐색. 동국대학교 대학원 박사학위논문.
이춘희(1997). 동화제시 및 질문유형이 유아의 창의성과 동화이해 구조에 미치는 영향. 서울여자대학교 박사학위논문.
임재택(2010). 이제는 숲유치원이다: 숲과 아이들의 만남. 숲유치원 국제세미나 자료집.
전경원(2000). 영재교육학. 서울: 학문사.
전경원(2001). 유아 도형 창의성 검사. 서울: 학지사 심리검사연구소.
전경원(2006). 창의성 교육의 이론과 실제. 서울: 창지사.
정범모(2003). 창의력이란, 그 실체와 육성. 서울: 교육과학사.
정영희, 김윤미(2011). 자연친화 교육활동 프로그램이 유아의 행복감 및 자아개념에 미치는 영향. 열린 유아 교육연구, 16(2), 275-290.
조규성(2009). 아이들은 숲에서 무엇을 배우는가? 성균관대학교 대학원 박사학위논문.
조은정, 김정주, 박형신(2013). 미술비평 경험에 기초한 이야기 꾸미기 활동이 유아의 창의, 인성 함양에 미치는 영향. 유아교육학논집, 17(2), 379-404.
지옥정(2007). 유아기 자연친화 교육의 의의 및 미래지향방향 탐색. 한국 교통대학교 논문집, 42, 531-540.
최경숙(2014). 숲 산책반 유아의 숲 경험이 갖는 교육적 효과. 인천대학교 박사학위논문.
최민수, 정진순(2005). 유아교육기관에서의 명상활동이 유아의 스트레스에 미치는 효과. 미래유아교육학회지, 12(1), 313-337.
최수경, 박인전(2012). 숲에서의 자유놀이가 유아의 사회적 유능감과 행복감에 미치는 영향. 한국가정관리학회 학술발표대회자료집, 2012(6), 400-400.
최수경, 석주영, 박인전(2013). 숲에서의 자유놀이가 유아의 사회적 유능감 및 행복에 미치는 영향. 한국열린유아교육학회, 18(2), 181-198.
최인수(2011). 창의성의 발견. 서울: 쌤앤파커스.
최정애, 서현아(2010). 숲체험활동이 유아의 환경에 대한 태도와 과학적 탐구 능력에 미치는 영향. 생태유아교육연구, 9(1), 71-94.
최정인(2013). 예술경험 프로그램에 참여한 만 2세 영아의 예술성 변화 탐구. 중앙대학교 박사학위논문.
태진미(2011). 창의적 융합인재양성. 왜 예술교육에 주목하는가? 영재교육연구, 21(4), 1011-1032.
틱낫한(2002). 화. 최수민 (역). 명진출판(주).
틱낫한(2003). 마음을 멈추고 다만 바라본다. 류시화 (역). 꿈꾸는돌.
틱낫한, 플럼빌리지커뮤니티(2013). 틱낫한 스님의 마음정원 가꾸기. 이수경, 혜주스님 (역). 서울: 판미동.
호이징하(1998). 호모루덴스. 김윤수 (역). 까치글방.

홍은주(2003). 자연환경구성활동의 교육의 의미 탐색. 중앙대학교 박사학위논문.

황의명, 박찬옥(1997). 유아를 위한 감성교육 프로그램. 서울: 양서원.

Goleman, D. (1996). 감성지능. 황태호 (역). 서울: 비전코리아.

Lowenfeld, V. & Brittain, W. (2002). 인간을 위한 미술교육: 어린이와 청소년을 중심으로(서울대학교 미술교육 연구회 역). 서울: 미진사. (원저 1982 출판)

Noddings, N. (2003). 행복과 교육. 이지헌 외 (역). 서울: 학이당.

Pestalozzi, J. H. (1987). 페스탈로찌가 어머니에게 보내는 편지. 김정환 (역). 서울: 양서원.

Richard, L. (2005). 자연에서 멀어진 아이들. 김주희, 이종인 (역). 서울: 즐거운상상.

Slyvia, L. F. (2008). 아이의 창의적 감성과 집중력을 길러주는 어린이 명상놀이. 이수경 (감수), 임영은 (역). 서울: 에스에스엠티유. (샘앤파커스)

Amabile, T. M. (1989). *Growing up creative: Nurturing a lifetime of creativity*. New York, NY: Crown Publishers, Inc.

Alexander, C. (1981). The Origin Of Creative Power. In H. P. Lewis (Ed.), *Children, Art of The Preprimary Child.* Reston, Virginia, NAEA.

Arnheim, R. (1965). *Visual thinking.* Berkeley, CA: University of California Press.

Baker, D. W. (1990). The visual arts in early childhood education. *Design for Arts in Education,* 91(6), 21-25. Berkeley. CA: University of California Press. (Original work published 1954)

Berkowitz, M. W. & Grych, J. H. (2000). Early character development and education. *Early Education & Development*, 11, 55-72.

Bingham, M. (1972). Learning dimensions: A change model for the elementary school. In A. Hurwitz (Ed.), *Programs of promise art in the schools.* New York: Harcourt Brace Jovanovich, Inc.

Bogen, J. E. (1979). Some Educational Aspects of Hemispheric Specialization, Dromemon-A.

Borrello, J. S. (1986). Art+Curriculum=The bases of the Education. Doctoral dissertation, *Journal of New Ways of Being,* Vol. 1. MA: university of Massachusetts.

Briggs, D. C. (1967). *Your Child's Self-Esteem: The Key to His Life.* Garden City, N.Y.: Doubleday.

Bringham, D. L. (1972). Visual art in interdisciplinary learning. In A. lurwitz(Ed.), *Programs of promise art in the schools.* NY: Harcourt Brace Jovanovich, Ine.

Brittan, W. L. (1979). *Creativity, Art, and the Young Child.* New York: The Macmillan Publishing co. Inc.

Broudy, H. S. (1977). How basic is aesthetic education? Or is it the fourth R?. *Educational*

Leadership, 35(2), 134-141.

Bruner, J. (1960). *The process of education.* Cambridge, MA: Harvard University Press.

Bruner, J. (1966). *Toward a theory of instruction.* Cambridge, MA: Harvard University Press.

Burgess, L. (1972). The hidden landscape: Art for the open school. In A. Hurwitz(Ed.), *Programs of promise art in the schools.* New York: Harcourt Brace Jovanovich, Ine.

Burton, L. & Kathy, K. (1981). *Art Play.* Menlo Park California: Addison Wesley Publishing Co. Inc.

Campbell, P. S. & Scott-Kassner, C. (2006). *Music in childhood: from preschool through the elementary grades*. CA: Thomson Schirmer.

Chapman, L. (1987). *Discover art.* Worcester, MA: Davis Publications, Inc.

Cleverley, J. & Phillips, D. C. (1986). *Visions of childhood.* NY: columbia University Press.

Cole, E. (1985). The effect of a cognitively-oriented aesthetic curriculum on the aesthetic judgement and response off our-, six, and eight-year olds in an art museum program. Dissertations Abstract, No. AD85-23952.

D'Amico, V. (1947). *Creative Teaching in Art.* Scranton: The International Textbook Company.

Davis, G. A. (2004). *Creativity is forever* (5th eds). Iowa: Kendall/Hunt Publishing Company.

Dewey, J. (1934). *Art as experience*. NY: Minton, Balch, and Co.

Day, M. D. (1985). Evaluating student achievement in discipline-based art programs. *Studies in Art education,* 26(4), 232-240.

DeLisi, R. (1972). An experiment in visual education. In A. Hurwitz(Ed.), *programs of promise art in the schools.* NY: Harcourt Brace Joanovich, Inc.

Dewey, J. (1934). *Art as experience*. NY: Minton, Balch, and Co.

Dewey, J. (1938a). *Experience and education and back to basics.* A Publishing Co., Inc.

Dewey, J. (1938b). *Experience and education.* NY: MacMillan Publishing Co., Inc.

Dixon, G. & Chalmers, F. G. (1990). The expressive Arts in Education. *Childhood Education,* 67(1), 12-17.

Dobbs, S. M. (ed.) (1979). *Art education and back to basics.* A publication of National Art Education Association.

Eisner, E. W. (1972a). *Educating artistic vision.* NY: MacMillan Publishing Co., Inc.

Eisner, E. W. (1972b). Stanford's Kettering project: A radical alternative in art education. In A. Hurwitz(Ed.), *Programs of promise art in the schools.* New york: Harcourt, Brace, Jovanovich.

Eisner, E. W. (1982). Why Art in Education and Why Art Education. In Getty Center Report, *Beyond creating the place for art in Americ's schools.* LosAngeles: The Getty Center for

Education in Arts.

Eisner, E. W. (Ed.)(1976). *The arts, human development and education.* Berkeley, CA: McCutchan Publishing Co.

Eisner, E. W. (1991). What the arts taught me about education. *Art Education,* 44(5), 10-19.

Eisner, E. W. (1994). *Cognition and curriculum, Reconsidered*(2nd ed.). NY: Longman.

Eisner, E. W. & Vallance, E. (Eds.) (1974). *Conflicting conceptions of Curriculum.* McCutchan Publishing Corporation.

Eisner, E. W. & Vallance, E. (1982). *Cognition and Curriculum.* New York: Longman.

Elliot, E. D. (1987). Children's Aesthetics. *Current topics in Early Childhood Education,* 5.

Epstein, A. S. (2001). Thinking about art: Encouraging art appreciation in early childhood settings. *Young Children,* 56(3), 38-43.

Erickson, M. (1995). Art historical understanding early childhood. In C. M. Thrompson (ed.), *The visual arts is early childhood learning*. Reston, VA: National.

Evans, E. D. (1984). Children's aesthetics. In L. G. Katz(Ed.), *Current topics in early childhood art.* IA: Wm. C. Brown Publishers.

Fox, J. E. & Diffly, D. (2000). Integrating the visual arts: Building your children's knowledge, skills and confidence. *Dimensions of Early Childhood,* 29(1), 3-10.

Froebel, F. (1887). *The Education of Man*(trans. W. N. Nail man). New York: D. Appleton and Company.

Gardner, H. (1979). Entering the world of the arts: The child as artist. *Journal of Communication,* 29(4), 146-156.

Gardner, H. (1983). *Multiple intelligence: The theory in practice.* New York: Basic Book.

Gardner, H. (2000). 지식기반 사회와 창의성 교육의 과제. 이화여자대학교 사범대학 교원교육85주년 국제학술심포지엄, pp. 3-9.

Gardner, H. & Winner, E. (1982). First intimations of artistry. In S. Strauss(Ed.), *U-shaped development.* NY: Academic press.

Gombrich, E. H. (1961). *Art and Illusion.* New York: Princeton University Press.

Gross, D. (1992). *The past in ruins: Tradition and the critique of modernity*. Amherst: University of Massachusetts Press.

Guilford, J. P. (1952). Some recent finding on thinking abilities and their implications. *NASSP Bulletin,* 3, 48-61.

Herberholz, B. & Hanson, L. (1990). *Early Childhood Art.* WM: C. Brown Publishers.

Hohmann, M. & Weikart, D. P. (1995). *Educating young children.* Ypsilanti, MI: High/Scope Press.

Housman, J. J. (1985). Looking/Learning: The Starry Night. *School Arts,* October, 27.

Hurlock, E. B. (1950). *Child Development*(2nd ed.). NewYork: McGraw-Hill Book Company, Inc.

International Baccalaureate Organization Program (1991). The international baccalaureate: An international baccalaureate: An internationally recognized curriculum and examination(Information Brochure). Geneva, Switzerland.

Irene, G. (2012). Waldpädagogik und die rolle des erziehers im waldkindergarten. 독일 숲유치원 교육의 실제 및 교사의 역할. 숲유치원 세미나 자료집.

Isenberg, J. P. & Jalongo, M. R. (2001). *Creative expression and play in early childhood* (3rd ed.). Upper Saddle River, NJ: Prentice Hall.

Jefferson, B. (1961). *Teaching Art to children.* Boston: Ally and bacon, Inc.

Jenkins, P. D. (1980). *Art for the Fun of It.* Englewood Cliffs, N.H.: Prentice-Hall, Inc.

Kampmann, L. (1973). *Creating with Space and Construction.* New York: Van Nostrand Reinhold Company.

Kellogg, R. (1970). *Analyzing Children's Art.* San Francisco: Mayfield publishing Co.

Kerlavage, M. (1995). A bunch of naked ladies and tiger: Children's responses to adult works of art. In C. Thompson(ed.), *The visual arts in early childhood learning.* Reston, VA: National Art association.

Lasky, L. & Mukerji, R. (1984). *Art, basic for young children.* Washington DC: The National Association for the Education of Young Children.

Lee, Su-Kyung (2011). A study of a Korean Kingdergarten's use of Buddhist-Oriented Meditation Art Projects to increase Art Expression in Painting. *Buddhist studies Review*, 28(1), 121-142.

Leeper, S. H., Skipper, D. S. & Witherspoon, R. L. (1979). *Good Schools for Young Children*(4th ed.). New York: the Macmillan Publishing Co., Inc.

Lewis, H. P. (Ed.)(1981). *Art for the preprimary child, Reston.* Virginia: The National Art Education Association.

Lickona, T. (1999). Character education: Seven crucial issues. *Action in Teacher Education,* 20(4), 77-84.

Lindberg, L. & Swedlow, R. (1980). *Early Childhood Education.* New York: Allyn and Bacon, Inc.

Linderman, E. W. & Linderman, M. M. (1984). *Arts & Crafts For the Classroom.* New York: Macmillan Publishing Co., Inc.

Madeja, S. (1972). A systems approach to teaching the arts. In A. Hurwits (Ed.), *Programs of promise art in the schools.* NY: Harcourt Brace Jovanovich, Inc.

Maslow, A. H. (1962). *Towards a Psychology of Being.* Princeton: D. Van Nostrand.

Matti, E. L. & Marzan, B. (1981). *Meaning in children's Art.* Englewood Cliffs, N.H.: Prentice-Hall, Inc.

Mayesky, M. (1990). *Creative Activities For your Children*(4th ed.). Delmar Publishers Inc.

Nancy, W. & Gray, E. (2003). Near by Nature: A Buffer of Life stress among Rural Children. *Environment and Behavior*, 35, 311-330.

Newton, C. (1995). Language and learning about art. In C. M. Thompson(ed.), *The visual art in early childhood learning.* VA: National Art Education Association.

Ornstein, R. (1977). *The Psychology of Consciousness.* New York: Harcourt, Brace and Jovanovich, Inc.

Pavey, D. (1979). *Art-Based Games.* London: Methuen & Co., Ltd.

Perlmuter, R. (1975). *Construction Projects for Elementary Art.* West Nyack, N. Y.: Parker Publishing Company, Ine.

Phillps, B. M. & Virginia, S. B. (1976). *The New "Discovery" Technique for Art instruction: An Innovative Handbook for the Elementary Teacher.* New York: Parker Publishing Co., Inc.

Piaget, J. (1954). *The Construction of Realityshild*. NY: BasicBooks Publishers.

Read, H. E. (1958). *Education through art*. London; Faber and Faber.

Read, H. E. (1972). *The Meaning of Art.* London: Faber and Faber.

Rimm, S. (1983). Identifying creativity (Part I). *Gifted Children Today*, 27, 34-37.

Rozman, D. (1994). Meditation with children-the Art of concentrating and centering, Planetary publication.

Rueschhoff, P. H. (1987). *Teaching Art in the Elementary School.* UMI out of print Books on Demand.

Salovery, P. & Mayer, J. D. (1990). Emotional intelligence. *Imagination, Cognition And Personality*, 9, 185-211.

Saunders, R. (1969). A Suggested Behavioral objective Approach to Art: K-6. Paper prepared for Art Assistance Program, Connecticut state Department of Education of Education, Hartford, CT August.

Schaefer, C. E. (1973). *Developing Creativity in Children.* Buffalo, N. Y.: D.O.K.: Publishers.

Schiller, M. (1995). An emergent art curriculum that fosters understanding, *Young children,* 50(3), 33-38.

Schirrmacher, R. (2006). *Art and creative development for Young children*. Thomson Delmar Learning.

Schultz, H. A. & Shores, J. H. (1952). *Art in the Elementary School.* Urbana: The University of Illinois Press.

Seiden, D. (1972). The metro experience. In A. Hurwits (Ed.), *Programs of promise art in the schools.* NY: Harcourt Brace Jovannovich, Inc.

Seitz, R. (1980). *Kunst in der Kniebeuge.* Munchen: Don Bosco Verlag.

Shaffer, D. R. (2008). *Social & personality development*. CA: Wadsworch.

Silver, R. A. (1978). *Developing cognitive and creative skills though Art.* Baltimore, MD: University Park press.

Silver, R. A. (1982). Developing Cognitive Skills Through Art. *Current Topics in Early Childhood Education,* IV, 143-171.

Smith, N. (1982). The visual arts in early childhood education: Development and creation of meaning. In B. Spodek(Ed.). *Handbook on research in early childhood education.* New York: Free press.

Stankiewicz, M. A. (2003). Book Review: Readings in Discipline-based Art Education: A. Literature of Educational Reform. *Studies in Art Education,* 45(1), 88-96.

Steiner, R. (1972). *The education the childhood in the light of anthroposophy.* London: Rudolf Steiner Press.

Sternberg, R. J. (1985). Implicit theories of intelligence, creativity, and wisdom. *Journal of personality and social psychology*, 49, 607-629.

Stokrocki, M. (1995). Understanding young children's ways of interpret their experiences though participant observation. In C. M. Thompson(Ed.). *The visual art in early childhood learning.* Reston, VA: National Art Education Association.

Tomas, E. & Dennie, P. W. (1985). A Viewpoint on the Arts as Reinforcing the Basic Academic skills of students. *Basic Education, January.*

Torrance, E. P. (1957). Psychology of survival. Unpublished manuscript, Air Force Personnel Research Center, Lackland Air Force Base, TX.

Torrance, E. P. (1964). Adventuring in creativity. *Childhood Education*, 40(2), 79-87.

Torrance, E. P. (1973). *Creativity, San Rafael.* Calif: Dimensions Pubilshers.

Torrance, E. P. (1998). Torrance tests of creative thinking: Norms-technical manual: Figural (streamlined) forms A & B. Bensenville, IL: Scholastic Testing Service, Inc.

Uhlin, D. M. (1979). *Art for Exceptional Children.* Iowa: Brown Company Publishers.

UNESCO (2013). MELQO(Measuring Early Learning Quality and Outcomes) brochure.

Walsh, D. J. (1993). Art as socially constructed narrative: Implications for early childhood education. *Art Education Policy Review,* 94(6), 18-23.

Wampler, L. (1972). The warehouse cooperative school. In A. Hurwitz (Ed.). *Programs of promise art in the schools.* New York: Harcourt Brace Jovanovich, Inc.

Williams, F. (1980). *Creativity Assessment Packet: Manual.* East Aurora, NY: DOK Publishers.

Zimmerman, E. & Zimmerman, L. (2000). Art education and early childhood education: The young child as creator and meaning maker within a community context. *Young Children,* 55(6), 87-92.

이수경

이화여자대학교 사범대학 과학교육학과를 졸업하고 홍익대학교 대학원 서양화 전공 및 이화여자대학교 대학원 미술교육과 석사, 유아교육학 석사, 서울여자대학교 대학원 아동학과 박사학위를 취득했다.

일본 홋카이도대학교 교육학부 영 · 유아 임상심리센터 객원교수, 동국대학교 부속 유치원 원장, 평생교육원장, 한국조형교육학회 회장, 한국유아교육학회 이사, 교육과학기술부 교육과정심의회 위원, 교육과학기술부 제7차 유치원 교육과정 연구위원 등을 역임하였고, 동국대학교 불교문화대학 불교아동보육학과 주임교수, 불교아동교육연구소 소장, 숲 · 예술창의연구소 소장을 역임하였고 현재 동국대학교 아동청소년교육학과 명예교수를 맡고 있다.

지은 책으로는 『어린이 인성과 창의성 교육을 위한 숲 · 자연 명상놀이』, 『유아를 위한 조형놀이 교육』, 『아동미술교육』, 『창의적인 미술놀이를 위한 유아창작공예 100선』(공저), 『유아수학교육』(공저), 『문화이해를 돕는 미술교육 프로그램』(공저), 『초등미술교육』(공저) 등이 있고, 옮긴 책으로는 『틱낫한 스님의 마음정원 가꾸기』, 『어린이와 함께하는 포커싱 심리치료』 등 다수의 저서 및 어린이 숲 체험과 연계한 명상놀이와 예술통합교육 및 미술교육 관련 100여 편의 논문들이 있다.

어린이들의 숲 체험과 함께하는 명상과 예술놀이를 통해 창의성, 예술감각, 감성지능, 자기조절력 등을 계발하고 자신과 이웃을 더욱 사랑할 수 있도록 돕는 연구와 활동을 계속하고 있으며, 명상과 예술놀이와 함께하는 교사인성교육 프로그램과 부모 · 자녀의 행복한 마음정원 가꾸기 프로젝트 등도 진행하고 있다.

이소정

동국대학교 불교아동학과를 졸업하고 동 대학원 유아교육학 석 · 박사학위를 취득했다.

동국대학교 부속유치원에서 오랜 기간 근무하면서 문화재 프로젝트, 예술놀이, 명상놀이 등 다양한 활동에 관심을 가지고 연구한 경험들을 동국대학교 아동청소년교육학과 객원교수를 하면서 예비교사들과 함께 나누고 있다. 또 불교아동교육연구소에서 숲 · 예술 놀이학교를 운영하면서 지역사회 어린이들과 함께할 수 있는 숲 체험 및 예술놀이, 명상놀이 프로그램을 지도하였다. 관심 분야로는 『어린이 명상놀이』, 『예술놀이』, 『숲 놀이』, 『창의성 및 인성』 등이 있으며 관련 논문으로는 『숲체험을 통한 예술놀이활동이 유아의 창의성과 창의적 리더십에 미치는 영향』, 『숲체험과 함께한 예술놀이활동 프로그램이 아동의 창의성에 미치는 영향에 대한 단기종단연구』 등이 있으며 지은 책은 『창의 · 융합 미술교육』(공저) 등이 있다.

어린이들이 숲놀이, 예술놀이, 명상놀이를 통해 생명의 소중함을 알고 스스로를 사랑하고 존중하며 또 나와 친구들, 나아가 세상과 소통하는 방법을 배우고 주변 세계를 창의적인 아이디어로 색다르게 표현하는 경험을 하면서 창의성, 창의적 감성, 인성, 예술감각 등을 향상시킬 수 있는 연구 및 프로그램을 진행하고 있다.

명상과 함께하는
『숲 · 예술 · 창의 놀이학교의 통합적 미술 프로젝트』

2024년 8월 5일 1판 1쇄 인쇄
2024년 8월 10일 1판 1쇄 발행

저 자 : 이수경 이소정
발행자 : 한 정 주
발행처 : 교 육 과 학 사

저자와의 협의하에 인지생략

경기도 파주시 광인사길 71
전화 (031)955-6956~8/팩스 (031)955-6037
Home-page : www.kyoyookbook.co.kr
E-mail : kyoyookbook@daum.net
등록 : 1970년 5월 18일 제2-73호

낙장 · 파본은 교환해 드립니다.
Printed in Korea.

정가 22,000원
ISBN 978-89-254-1904-6